日本語学習者の

日本語学習者のための
文法再考察

多和わ子 [著]

開拓社

はじめに

　人間は，地球のどの国においても，言語を使用して，生活を営んでいます。健康状態や環境が成長の妨げの原因とならない限り，世界中の幼児たちは，驚くほどの短期間のうちに自然に周りの人々が話している言葉が理解でき，また，言いたいことが言えるようになります。しかし，大人になってから新しい外国語を学ぼうとした場合，幼児が母語を習得する時のように，その外国語が自然に身に付くということはありません。特に，学習しようとする言語と学習者の母語との類似点が少なければ少ないほど，学習難度は増してきます。それでも，時間をかければ，外国語は学ぶことができます。しかし，外国語学習を始めた年齢や他の要素にもよりますが，大人になってから外国語を学ぼうとする者が，母語話者と全く同じように話したり，理解したりできるようになるのは，学習時間とは関係なく，ほぼ不可能に近いと言っても過言ではありません。それほど，大人になってからの外国語学習は，難度の高いものです。

　本書の課題は，米国の大学生が外国語である日本語を一教科として教室で学ぶ場合の日本語指導と日本語学習です。外国語としての日本語指導と学習は，世界中で行われています。それらのすべてが学校での指導だとは限りません。指導も学習も地域が違えば，指導のし方や学習目標が異なるのは当然です。そのために，本書が課題としているのはどの範疇でのことなのかを明確にする必要があります。本書で前提としているのは，米国の大学での指導と学習で，学習者の母語は基本的には英語です。この学生たちにとっては，日本語の授業以外では日本語を使用することは非常に少なく，多くの場合ほとんどありません。そのような限られた状況での，大人になってから学ぶ外国語としての日本語の指導と学習に絞って論じていき

ます。

　指導者は，指導教科が何であっても，学習と指導を分けて考察する必要があります。その最大の理由は，教師が指導したと思っていることと学習者が学んだことは，必ずしも一致しないのが常であるからです。筆者の指導教科である外国語としての日本語も同じことが言えます。言語というものは非常に複雑でかつ奥深く，言語のすべての知識を持っている学者や教師はいません。この言語を，非常に短期間のうちに学習者に指導するというのは，言語の何をどのように指導すれば，学習者の効果的な学びに繋がるのかは，現在においても日本語教師たちにとって大きな挑戦となっています。

　日本語指導者側にも日本語学習者側にも，日本語学習の一般的な目標は同じで，学習者が日本語を使って伝達ができるようになることです。伝達ができるというのは，話し手が意図した内容が聞き手に伝わるということであり，聞き手は話し手の意図が理解できるということです。教師はその目標に向けて指導し，学習者はその目標に向けて勉強します。しかし，この数行で表現した目標には数えきれないほどの内容が詰まっています。

　先ず，同じ言語を話す人々の間で，どのようにして伝達がなりたつのかという疑問を解明する必要があります。人は声や文字を使って伝達しようとします。それを本書では「言語」と呼ぶことにします。もちろん，人間同士が話したり，書いたりして伝達する時には言語以外のものも使用します。しかし，本書では，言語の使用における伝達に限定して論じていきます。伝達を可能にするのは，その言語を使用している人々の間に共通した決まりがあるからです。本書では，この言語の産出や理解における共通した決まりを「文法」と称しますが，この「文法」という言葉は，言語学者や日本語教育にかかわる教師たちの間で同意された定義が存在しているわけではありません。

　現在の外国語指導と学習の分野で主流の座を占めている思考に関して言うと，外国語指導と学習の目標は，その学習目標の言語を使用してコミュ

ニケーションを取ることがきるようになるというものです。その指導の提
案の中には，文法を明示的に教えることではないという概念が一般的に受
け入れられています。ということは，表面的には，筆者が本書で伝えたい
ことは，現在の外国語指導と学習の動きに逆流していることになります。
少なくとも，筆者の使用する「文法」の定義を述べるまでは，逆流してい
るように見えるのは当然です。

　「文法」という言葉を聞くだけで拒絶反応を示す外国語教師も学生も多
くいます。そのような状況であるにもかかわらず，あえて，本書では外国
語学習においては，文法学習は日本語の四技能学習の基盤を作るものであ
ると論じています。しかし，外国語としての日本語指導や学習に関して論
じる時，文法とは何であるかという定義なしに，文法は外国語学習に不可
欠のものである，いや，妨げになると論じてもそれは平行線をたどり，空
論となってしまいます。そのために本書では，これまで研究され，また，
文法という言葉が使用されている多方面での文法概念を検討した後，日本
語学習者が日本語を学ぶ時の文法とは何であるのかを再定義し，その定義
を基に日本語学習者のための包括的な文法記述を提案します。本書は，こ
の提案する包括的な文法記述を，教科書としてではなく，日本語学習者が
どの教科書を使用していても，役立つような参考書として提案します。

　本書で述べていることは，筆者の想像上のみのものではなく，実践も試
みているものです。最後の章では，勤務校で試みている文法指導を基盤と
した四技能指導と学習についても，実践の一例として述べることにしまし
た。

　本書では，英語と日本語の文献からの引用文を使用しています。英語の
文献からの引用文は，日本語訳の書籍があれば，その引用文を使用するよ
うに努力しています。しかし，日本語訳のない英語の書籍からの引用文に
は，筆者が和訳したものを付け加えています。翻訳は，複雑であり，その
過程において，失われるものが多いということは認識しています。筆者が
心掛けた和訳は，その場の論議に関係のある部分に特に注意をして和訳し

たつもりであり，文字通りの翻訳をしたわけではありません。筆者自身による和訳文だけではなく，本書が参考にした文献内容の理解などに不備があれば，それらはすべて筆者の責任であることをここに記したいと思います。

　本書の出版にあたって，開拓社出版部の川田賢氏には，本書出版に関して問い合わせた段階から校正最終段階までひとかたならぬお世話になりました。ここに，川田氏に心からの感謝の意を表します。

　筆者は，今まで指導にあたった学生たち，米国や日本，その他の国々の同僚たち，研究者の先生方，学会や講演会の参加者の方々から計り知れない知識や思考のきっかけをいただき続けています。本書は，それらを筆者なりに理解し，考察して形としたものの集成です。このような色々な場で出会ったすべての方々に深く感謝します。

　最後に，時間と共に広がっていくかけがえのない家族の者たちの筆者への信頼と支えがどんなに筆者の根底の力になっているのかは，計り知れないものがあります。一人一人に心からの「ありがとう」を伝えます。

　言葉は強力でもあり，また，不十分でもあります。この複雑な言葉を指導している教師の方々，そして　母語以外の言葉を学ぼうと志している方たちに心からの敬意を表します。

米国マサチューセッツ州アマーストにて

2022 年 11 月 18 日

多和　わ子

目　次

.

第1章 米国における日本語教育の現状と課題

1.1. はじめに

　外国語としての日本語指導，日本語学習と一言で言っても，学習目標や指導の実践は多様性に富んでいます。もちろん，一般的な学習目標は，日本語を使用して伝達し，使用された日本語が理解できるというものですが，学習の場によって，細かい学習目標は異なります。その理由は，日本語を外国語として指導している教師，及び，日本語を学んでいる学習者は，世界中に存在していますが，それぞれの指導の場や対象などが異なるためです。

　指導の場や対象が異なると，学習目標も違ってきます。異なった指導の場に関しての例をあげると，日本で日本語を外国語として指導する場合と日本以外の国で指導する場合とでは，いろいろな違いが浮き彫りになってきます。例えば，学校教育の場合，教室以外の場で学習者が日本語に接する機会だけを考えてみても，大きな差があることはここで説明する必要もないほど明らかなことです。日本での学習においても，職場での必要な日本語学習と学校での一教科としての日本語学習は，違った目標を立てなければいけません。日本以外と言っても，英語圏の国と漢字圏の国での日本

1

語教育は，違った挑戦があるはずです。[1] また，指導の対象が児童である
のと大人であるのとでは，指導法が大きく違ってきます。その他にも数え
きれないほどの指導の場や対象の違いが存在します。

　このように日本語教育というのは，広い範囲を含めた領域を指しますの
で，一冊の本ですべての状況に当てはめて論ずることは不可能です。した
がって，まず，本書で前提としている指導と学習の場，及び，日本語指導
の対象である学習者に関して述べておくことにします。本書では，指導の
場は米国の大学であること，したがって，学校教育の中の日本語指導，日
本語学習者に絞ったものです。大学での指導であり，学習者は，大人であ
ること，学習者の母語は多くの場合は英語であるということを前提として
論議していきます。これらの前提の理由は，筆者自身が米国の大学で外国
語としての日本語指導に携わり，その経験から疑問を抱き，考察したこと
等が本書の執筆のきっかけとなったからです。

　本章では，米国における日本語教育の課題をいくつか挙げ，その中から
本書で取り上げる中心の課題となる文法概念に絞って論じていきます。

1.2.　米国における日本語教育の流れ

　Miura（1998）によると，アメリカ合衆国の大学での日本語教育は，
1900 年にカリフォルニア州のバークレー大学で日本語が一教科として登
場したことから始まったということです。それからすでに 120 年以上の
年月が流れたことになります。初期の大学での日本語学習者は，ごく少数
でしたが，1970 年代後半から 1980 年代にかけて，日本の経済発展と共
に日本文化が広まり，その結果として，大学での日本語履修生数も急増し

---

[1] 例えば，遠藤（2020）では，アジアでの日本語教育の現状を詳細に説明しています。
その内容から筆者が指導をしている米国での日本語教育とは，かなり違った状況である
ことが明確になります。

てきました。1990 年代初期のバブル崩壊の影響は，大学により日本語履修生が減少したところもあるし，それほど変わりのない大学もあったようです。現在も進行中のコロナ禍で，遠隔授業を強いられた 2 年間は，日本語学習者の数が急増したところがあったり，反対に激減したところもあったりしたようです。このように，各大学の事情は異なりますが，一般に現在の米国の大学での日本語教育は安定しているようです。

　大学での履修生数増加と共に中学，高校，時には小学校でも日本語指導が数々の州で可能になってきています。これはとても好ましい現象ですが，本書での課題は大学生の指導と学習を中心としていますので，大学以外の場での日本語教育に関しては触れていません。

　米国の大学で日本語が一教科として現れ始めた頃の授業内容は，日常会話よりも，日本語文章の英訳や文章読解が主でした。[2] 1970 年代後半から 1980 年ごろ日本語が多くの大学で履修できるようになった頃から，日本語教師は外国語教育一般の研究に目を向けるようになりました。これらの外国語教育に関する研究は，日本語よりかなり前から大学の教科として指導されてきたヨーロッパ言語の指導に関するものが多く，それらの多くが歴史の浅い日本語教育の分野に大きな影響を与え続けてきました。それは，現在も変わりありません。日本語教育関係の出版物や学会の研究発表もヨーロッパ言語から発生した教授法やそれらに関する用語が飛び交っているのが現状です。[3]

---

[2]　戦時中は，米国では，敵国である日本の言語を聞く，話す，読むという技能習得中心の指導が海軍，空軍で行われていました。それが大学での日本語教育に強く影響を与えたことは事実です (cf. Miura (1998))。

[3]　例えば, communicative approach, proficiency-based teaching, content-based teaching, flipped classroom, blended learning など多くの用語が様々な学会や出版物で使用されるようになってきています。

1.3. 外国語教育の研究から日本語教育への応用

　言うまでもなく，日本語教育は外国語教育一般の一部です。したがって，外国語教育研究を日本語教育に応用することは，当然の経路です。これまでに多くの外国語指導に関する教授法が提案されてきましたが，その中でも絶対的ともいえる「コミュニカティブ・アプローチ」は，ここで説明する必要がないほどの存在感を持ち世界中に広がっています。[4] コミュニカティブ・アプローチは，外国語指導の場では，言語や文法を教えるのではなく，コミュニケーションを教えるのである，文法を教えることは外国語学習の妨げになる，自然な言語の指導が必要であるなど，多くの提案が中心となってコミュニケーション重視の指導を提唱しています。このような思考は，日本語教育にも大きな影響を与えてきていますし，多くの日本語教師たちの間にも，コミュニケーション重視の指導を実践することは常識であり，それ以外の指導法は，特に文法指導は，古臭くて受け入れがたいとでも思わせるような暗黙の了解の雰囲気が漂っています。[5]

　このコミュニカティブ・アプローチは，ある特定の学者が研究をし，その発表の結果，急速に広がったというものではなく，1970 年代の言語学や心理学の新しい動きを元に 1970 年代後半から 1980 年にわたって徐々にヨーロッパ，そして，米国においての外国語指導へ応用され，広がっていったものです。[6]

　しかし，このアプローチとは具体的にどのような指導なのかということにおいては，Littlewood（2011: 541）が，"A recurrent comment about

---

[4] コミュニカティブ・アプローチは，communicative language teaching (CLT) とも言われています。

[5] この点においては，英語のものでは，VanPatten（2017），日本語のものでは，野田（2012）などが参考になります。

[6] コミュニカティブ・アプローチの起源についての資料はいろいろとありますが，Littlewood（2011）には簡単明瞭に説明されていますし，その記事の参考資料にも多くの関連資料が載せられています。

communicative language teaching is that nobody knows what it is." (繰り返して言われることは，コミュニケーション重視の指導が具体的にどんなものなのかは実はだれも理解していない) と説明しているように，定まった指導法の理解や具体的な指導法の記述が存在しているわけではないことが分かります。

　このコミュニケーション重視の指導に関して，VanPatten (2017: vii) は，次のように述べています。

> For whatever reason, communicative language teaching became a buzzword everyone thought they understood but maybe really didn't. The outcome: communicative language teaching became whatever people wanted it to be."
>
> (理由は不明だが，コミュニケーション重視の言語指導が流行りの言葉となり，皆が理解した上でその言葉を使用しているような錯覚を持ってしまうが，実際には，だれも理解していない。その結果，個々の教師が勝手に理解をし，指導の実践をしているのがコミュニケーション重視の言語指導の現状である)

上の引用文は外国語指導一般についてですが，外国語としての日本語指導に関しては，宇佐美 (2012: 63) が次のように書いています。

> コミュニケーション重視の言語教育が叫ばれるようになって久しいが，日本語教育の現場では，未だに「自然なコミュニケーション」を効果的に習得させるような実践が行われているとはいえない。… 教育効果の多くは，各々の教師の「指導の仕方の工夫」と，「学習者の自己努力」に依存していると言っても過言ではない。

外国語教育一般に関しての VanPatten と日本語教育に関しての宇佐美の観察には，類似点があります。それは，コミュニケーション重視の指導をしていると言っても，各教師は各自，それぞれの工夫による指導法を使

6

用しているという類似点です。上に引用したようにコミュニケーション重視とは何であるのかも漠然とし，また，その指導法とはどういうものであり，どのように実践するのかという共通した方法のようなものも存在していないのであれば，教師たちがそれぞれに指導法を工夫するのは，必然的な結果だと思います。宇佐美は，「学習者の自己努力」とも表現していますが，それも必然的なものかもしれません。

　このような，理論と実践の繋ぎにおける問題は，いろいろな分野ですでに取り上げられていて，新しい問題ではありません。

1.4.　理論から実践への繋ぎの問題

　理論から実践への繋ぎの問題については，第二言語習得の研究者であるLightbrown and Spada（2006: 194）が，次のように書いています。

> Knowing more about second language acquisition research will not tell you what to do in your classroom tomorrow morning.
> （第二外国語習得の研究の知識をさらに増やしても，それは教師が次の日の指導にすぐに役立つようなものではない）

　また，学校教育学の研究者である西川（2019: 56）も「教育の世界では，理論と実践の往還ということが大事だといわれていますが，ほとんどなされていないのが現状です」と同じ内容を述べています。どの分野においても，研究の発展は，その分野の教師たちに考察の機会を与えてくれます。日本語教育の分野では，外国語教育における研究の数々を参考にし，教師たちに影響を与えています。これは，今後も多方面において影響していくことでしょう。このような影響を受けた上での実践への前進は，言うまでもなく大切なことです。

　しかし，米国で日本語教育に携わっている教師たちは，ヨーロッパ言語指導の発展に伴って，自動的に同じ方向に動いていく傾向があります。

ヨーロッパ言語の分野の方向性が日本語教育の利点に繋がっている場合は，大いに使用するべきですが，常に利点に繋がるとは限りません。ここでの吟味を怠ると，指導効果が意図したものと逆効果になる可能性も出てきます。

　ヨーロッパ言語を基にして提案された教授法を日本語指導に応用することに関して，米国における日本語教育の先駆者の一人である Jorden (2000: 1) が次のように警戒しています。

> [S]ince the beginning of the so-called Proficiency Movement, there has been a tendency to try to fit Japanese into the same mold as the other languages of the world, particularly the languages of Western Europe. Of course, Japanese may be identified as "just another language," but when an American tackles it, the challenges are very different from those presented by Spanish.
>
> (Proficiency Movement[7] が提案されて以来，日本語指導もヨーロッパ言語指導と同じような動きに合わせる傾向にある。無論，日本語もヨーロッパ言語と同じく人類の話す言語の一つであることには違いないが，英語話者がスペイン語を学習しようとするのと日本語を学習しようとするのとでは，大きな違いが存在する)

　上の引用文に表現されている問題点は，20 年以上も前のことですが，現状は，今でもそれほどの変化は見えません。コミュニケーション重視の指導も，このヨーロッパ言語指導を基にした研究発展から提案されたものです。この提案を鵜呑みにして，日本語指導に応用しようとすると，教師への負担は想像以上に増えていきます。先ほど引用した宇佐美 (2012) の

---

[7] Proficiency movement とは，ACTFL (American Council on the Teaching of Foreign Languages) による言語能力のガイドラインに沿って指導を行う動きのことです (cf. Omaggio (1986))。

なかに自然なコミュニケーションを効果的に指導できていないし，各教師がそれぞれ工夫しながら，指導にあたっているという指摘がありました。この点においては，考慮するべきことがいくつかあります。各教師の指導のし方の工夫は，批判的な意味にも解釈できますし，反対に，理論だけが先走りをしていて，実践に関しての研究，及び，提案が欠けているために，教師への負担の大きさを示しているという解釈も可能です。日本語指導においてのコミュニケーション重視の指導の具体的な実践への提案がなければ，教師たちは，自分たちでその指導のし方を考え出すほかありません。

　嶋田（2012: 187-188）は，コミュニケーション重視の日本語指導の問題点を次のように指摘しています。

　　　　コミュニケーション重視の授業を行っていると言いながら，実際に使用されている教科書はいまだに文型積み上げ式教科書であり，教師も「はじめに文型ありき」の教え方に基づいた教育実践を行っている。

　上の引用文には，コミュニケーション重視の日本語指導は，今まで行われてきた指導とは違った指導法が存在しているような意味合いに解釈できます。ここまでの考察で分かるように，実際には，そのような具体的な提案はないのですが，それにもかかわらず，文型指導への批判が強く含まれています。また，引用文での「文型指導」がどのようなものを指しているのかは疑問ですが，「文型積み上げ式」とコミュニカティブ・アプローチの指導概念とは相反するものであることは明らかです。日本語教師たちが，コミュケーション重視の指導をするようにという指示は出てはいるけれども，明確な指示がないために，これまで使用されてきた教科書を使いながら指導方法を暗中模索している状況に置かれているという話は筆者も実際に見聞きしているところです。これは米国の大学でのことであり，この状況がどれだけ日本語教育に一般化できるのかは，不明です。

　次に，日本語教師たちの負担の一つとなっているコミュニカティブ・ア
プローチにおける文法軽視の傾向に関して考察していきます。

1.5.　文法指導軽視の日本語指導への影響

　ここまでは，この絶対的存在感のあるコミュニケーション重視の指導に
は，共有された概念や実践方法がないため，理論と実践の往還が不可能な
状態にあり，各教師がそれぞれ工夫をして指導にあたっているのが現状で
あるということを述べました。

　外国語指導におけるコミュニカティブ・アプローチに関して，共有され
た解釈はないということは確実ですが，一般的に受け入れられている思考
は存在しています。それは，文法指導への見解です。

　VanPatten（2017: 2）は，コミュニケーション重視の言語指導と文法指
導の関係について，次のように述べています。

> What I have come to understand is that many people believe
> communicative language teaching is anything that isn't teaching
> grammar the old-fashioned way.
>
> （私が理解するところでは，コミュニケーション重視の指導というのは以前
> から行われていた文法指導以外の指導であると多くの人が思い込んでいる）

　日本語教育に関しての参考資料を調べてみても，コミュニカティブ・ア
プローチの指導法においては，文法指導を重視しないものであることが分
かります。[8] 野田（2012: 1）は，日本語指導の場で行われる日本語の構造
や体系指導に対して次のような批判をしています。

---

[8] 例えば，鎌田・川口・鈴木（2000: 260）には，コミュニカティブ・アプローチでの
日本語指導は，「基本的な能力（文法・語彙）を重視しないで運用のみを強調する教授法」
だと説明されています。

　日本語教育の目的は，「聞く」「話す」「読む」「書く」という日本語のコミュニケーション能力を高めることである。日本語の構造や体系を教えることではない。そのような認識は古くからあり，これまで作られてきたどの日本語教科書もコミュニケーション能力の育成を目的として掲げていると言ってもよい。しかし，実際にはコミュニケーション能力より日本語の構造や体系を教えようとしていると思われてもしかたがない部分が多い。

　上の文章はまるで「コミュニケーション能力」への指導と「日本語の構造や体系」の指導が無関係であるかのような意味合いを含んでいます。コミュニケーション能力を高める指導や学習においても，話者は日本語の文章を使用しなければいけません。話し手の意図する文章を聞き手が分かるように産出しなければ，コミュニケーション能力は高めることができません。日本語構造の把握なしで，学習者たちは，どのようにして，意図が通じる文章を産出し，また，相手の文章を解釈し，コミュニケーションを成し遂げていくのでしょうか。意味のある文章産出，文章解釈ができなければ，コミュニケーションは成り立ちません。

　「コミュニケーション能力を高める指導」か「日本語の構造や体系の指導」かといったような二者択一は，外国語指導法に関しての文面に頻繁に観察することができます。コミュニケーション重視の教科書には日本語の文構造や様々な規則の説明には重きを置かずに，自然な日本語指導ということで，文化的な語彙が多く紹介されています。山内（2012: 209）は，語彙と文法がどちらが大切なのかという疑問を投げかけ，次のような考えを示しています。

　　文法と語彙はどちらが大切なのか …。その答えは，私は語彙だと思います。極端な話，「私，焼き肉，食べる！」というように単語を並べるだけでも言いたいことは伝わります。しかし，「は，が，たい！」と言っても，何をいいたいのかさっぱり分かりません。

この引用文も語彙か文法かといった二者択一の疑問を投げかけています。上の例で使われている「食べる」という行動は，人間や動物がするもので，食べる対象は食べ物です。ですから，助詞がなくても言いたいことは伝わります。しかし，すべての文章がこのような単純な行動を表すわけではありません。例えば，行動が人間同士にかかわるものである場合は，もっと複雑になります。「太郎が次郎にメールした」という意味の文章は，発話の状況によっては，「次郎に太郎がメールした」と名詞の語順を入れ替えることも可能です。この場合，「太郎，次郎，メールした」では，だれがだれにメールをしたのかという意味の伝達は曖昧なものとなってしまいますし，だれもこのような省略はしません。

学生の発話でも助詞の使用を間違えたり，助詞を省略したために伝達できなかったという例は無数にあり，この問題はどの日本語教師も経験されてきていることでしょう。日本語では，助詞の省略は日常会話で頻繁に起こりますが，助詞は，自由に省略できるわけではなく，どのような場合に省略できるのかできないのかという決まりがあります。その決まりに従わなければ，コミュニケーションの成り立たないことも多々あります。この引用文のもう一つの問題は文法とは何を意味しているのかが不明なことです。この引用文だけから判断すると助詞や接尾語を文法としているようですが，文法というのは，助詞や接尾語だけであると思う教師はいないはずです。

文法指導と文法学習を軽視する思考は，学生への学習負担を増やすことになります。日本語学習だけに関したものではありませんが，Doughty and Williams (1998: 11) は，外国語学習一般において，言語の構造とその機能の学習を学生に任せることへの危惧を次のように表現しています。

> Taking the perspective that adult second language learning is, in many respects, fundamentally different from first language learning, we believe that leaving learners to discover form-function re-

lationships and intricacies of a new linguistic system wholly on their own makes little sense.

（母語習得と大人になってからの外国語学習とは基本的な違いがある。大人が学ぼうとしている言葉の形式と機能の関連や複雑な言語の体系を学習者自身に発見させるという指導法は全く意味をなさないことである）

日本語指導の文法軽視において，Jorden（2000: 4）は，次のように述べています。

The so-called "Communicative Approach" centered about situations and activities judged to be of paramount interest to the students, while reducing structure to a secondary role. It advocated emphasis on fluency over accuracy, encouragement over correction, and situational choice over any sort of linguistic gradation.

（いわゆる「コミュニケーション重視の指導」は学生が興味があるであろうと想定している内容や場を中心にしたアクティビティーを使用しながら指導し，構造学習は二の次にしてしまっている。正確さよりも流暢さ，訂正よりもほめることを重視し，会話の場の指導を言語構造指導よりも重視している）

　上の引用文から，外国語指導一般においても日本語指導においても，文法指導軽視の傾向が存在し，また，その傾向が問題視されていることが分かります。

　ここで「文法」という言葉に注意を向けてみましょう。上の引用文では，野田（2012）は「構造」「体系」という言葉を使用し，また，山内（2012）は定義なしで「文法」という言葉を使い，例として，助詞や接尾辞の「たい」を例に挙げています。また，Jorden（2000）は「構造」という言葉を使用しています。ここに挙げた研究者だけではなく，日本語研究者，日本語教師一般の間においても「文法」という言葉は，規則だとか動詞活用だ

とか文型などを文法と言っている場合が多く，定義をした上で「文法」という言葉を使っているわけではありません。細かく調べると文法という言葉の多義性が明確になってきます。文法の定義をしないで，文法について反論を述べても，議論が成り立ちません。この点に関しては，第2章で詳しく論じることにします。

1.6.　コミュニケーションという言葉について

　外国語指導は，文法指導ではなく，コミュニケーションを指導するべきであるという思考において，文法という言葉の概念には定義が欠けているということを取り上げました。しかし，「文法かコミュニケーションか」という二者択一の「コミュニケーション」という言葉にも定義の問題が存在しています。

　外国語教育の分野でのコミュニケーション重視の指導について，Wetzel（2000: 8）が，次のような面白い点を挙げています。

> Contemporary advocates of teaching methodology—whether it be some "proficiency oriented approach" or some version of a "communicative approach" often incorporate a hidden premise into their teaching agendas, and that is the notion that language teachers twenty years ago, or forty years ago, or one hundred years ago were not interested in communication—that communication was not the goal of any method up until now and our own.
>
> （現在における技能向上やコミュニケーション重視の指導法の提唱者には，20年前，40年前，あるいは100年前の外国語指導の教師たちはコミュニケーション指導には無頓着で，現在に至るまでコミュニケーションを指導することを目標にはしていなかったというような前提が読み取れる）

　Wetzelの引用文の主旨は，言語というものは，元々コミュニケーショ

ンのために存在しているのであり，昔も今も，外国語指導の学習目標は，コミュニケーションのし方を指導することは当然であるのにもかかわらず，その当然であるはずのものが，新しい発見のように考えられ，語られていることへの疑問を取り上げていることです。

　このように外国語教育では，頻繁に使用されている言葉である「文法」や「コミュニケーション」や「言語」は，すべての使用者がそれらの言葉の意味を共有しているような感覚で使われています。

　VanPatten（2017: 3）は，コミュニケーションと言語と文法を次のように説明しています。

> Communication is the expression, interpretation, and sometimes negotiation of meaning in a given context. What is more, communication is also purposeful.
> （コミュニケーションとは，ある発話の場において意味と目標を持った表現，及び，解釈である）

　さらに，ここで定義されているコミュニケーションと比べて，言語は抽象的で，明示的指導は不可能であると言っています。

> Language is an abstract, implicit, and complex mental representation. As mental representation, it cannot be taught and learned explicitly …. (ibid: 19)
> （言語というものは抽象的かつ暗示的で，また複雑な心的表象である。心的表象というものは明示的に指導したり，学習したりすることは不可能である）

　文法（"grammar"）も次のように言語と同じように抽象的なものであると説明を加えています。

I use "grammar" and "language" to mean what's in people's
heads—the most technical definitions.　　　　　　　　(ibid: 28)

（私は文法と言語は，最も専門的な定義である「人間の脳に存在するもので
ある」という意味で使用する）

　VanPatten が述べたコミュニケーションと言語と文法を簡単にまとめる
と，言語も文法も抽象的で明示的に指導できないものであり，コミュニ
ケーションはこの抽象的な言語が具体化された表現や解釈で，目的をもっ
た言語使用であるため，外国語教師は，コミュニケーションを教えること
を目標とするのであるということです。

　筆者は，「言語」と「文法」は抽象的であるという点には同意しますが，
コミュニケーションも言語と文法と同じぐらい抽象的であることを付け加
えます。言語も文法もコミュニケーションも，すでに人間の脳に存在して
いるもので，研究において，どれ一つとしてすべてが解明されているもの
はありません。人間は言語を持ち，それを使う能力を持って産まれてきま
す。その言語を使用して，コミュニケーションを行いますが，文法がコ
ミュニケーションを可能にしています。コミュニケーションは，言語が具
体化された一部であるということには同意しますが，人間が生きている間
に言語のすべてが具体化されるわけではありませんし，その具体化された
言語は人によって違うということに注意を向けたいと思います。

　人間は，この抽象的な言語から具体的な文章を産出し，また，解釈し
て，伝達を行っています。話し手（書き手）と聞き手（読み手）の間にコ
ミュニケーションが成り立つのは，両者の間に共有する決まりが存在する
からです。話し手の意図を聞き手に伝える表現の形は無限に存在します。
学者たちによる研究は，言語もコミュニケーションも文法もすべてまだ未
完成なものです。ここでもう少し詳しく，人類の言語，無限に存在するコ
ミュニケーションの形について論じていきます。

1.7. 人類の言語

　「言語」という言葉は，外国語の指導者や学習者のみではなく，一般の
人々にも日常，使用されている言葉です。言語の研究者は別かもしれませ
んが，日常生活において言語という言葉の定義を考えながら言葉を使用す
る人はまずいないでしょう。しかし，日本語指導に携わっている教師たち
にとっては，情報が僅かであっても，人類の言語の本質を客観的に知るこ
とは，指導に役立つことが多いです。特に，日本語という特定の言語を人
類の言語という大きな枠に照らし合わせてみると，日本語の特質が見えて
くることがあり，その情報が日本語指導や学習の手がかりになることもあ
ります。

　学習者も指導者も，全体（ここでは人類の言語）とその部分（ここでは
日本語）の両方を見ることは，指導，および，学習過程において役立つ知
識となります。どの学習であっても，全体を無視して断片的な一部だけを
見ていると，無駄を作ってしまうことが多々あります。この全体と部分の
相互関係については，第3章で詳しく見ていきます。

　人類の言語に関して，ハラリ（2016: 39）は，「ホモ・サピエンスが世
界を征服できたのは，何よりも，その比類なき言語のおかげではなかろう
か」と書いています。ここでいう比類なき言語を，ハラリは「虚構の言語」
と表現し，「虚構，すなわち架空の事物について語るこの能力こそが，サ
ピエンスの言語の特徴として異彩を放っている」と述べています。世界の
どこに行っても，人々は，言語を使用して，生活をしています。言語は，
使用者がだれであるかにかかわらず，言語の普遍的な存在理由である伝達
のために使用され続けています。人間の生活は，お互いの伝達なしでは，
維持していけません。たとえ，それが虚構の伝達であっても，人間は言語
を使用して伝達しながら，様々な生活を営んでいます。

　無論，伝達は，言語だけを媒介に行われているわけではありません。人
間の間の伝達の媒介は無数に存在し，言語と言語以外の媒介を組み合わせ

て，伝達が行われるのが普通です。言語以外の伝達の媒介と言いましたが，それは，例えば，体の動き，目や顔の表情，道具，数々のテクノロジーなど他にも無数に存在します。伝達をもっと広く考えると，人類のみではなく，例えば，蜂，イルカ，鳥などの動物の鳴き声や体の動きによる仲間の間での伝達に関する研究は多くあります。鳥類の中には，嘘をつくことや方言のようなものが存在することも観察されているという話をある知人から聞いたこともあります。しかし，本書では，言語を媒介とした人間の間の伝達に絞って，議論を進めていきます。

1.8.　無限に存在する伝達（コミュニケーション）

　言語の存在理由が伝達ですから，外国語学習の目標も伝達のし方を学ぶというのは当然のことです。[9] 母語話者の間の言葉を媒介とした伝達は，意識をしていなければ，ごく普通のことのように思えますが，実は，言語使用者の声を用いて，話者の発話の意図が聞き手に伝わるということは，俗な表現をすれば，「もの凄い」ことなのです。[10] どんなに凄いことなのか説明してみます。

　話し手があることを聞き手に伝えるという行為を具体的に考えてみます。伝えたい内容は，次のように想定してみます。話し手は今晩，ある人と会う約束をしていましたが，都合が悪くなったので，約束の日を変えてもらおうとしているとします。その時に話し手が聞き手にその内容を伝え

---

　[9] 「伝達」と「コミュニケーション」という言葉に関して付け加えます。外国語指導の場合，伝達のし方と言っても，コミュニケーションのし方と言っても，違いはないように思えます。折角，日本語の言葉があるのですから，筆者個人としては，日本語で表現できるのであれば，日本語の表現を使いたいと思っています。しかし，コミュニケーションという言葉は，外国語指導の分野で使用されることが多いので，それをできるだけ尊重して，コミュニケーションという言葉も使用していきます。
　[10] 言語を媒介とした伝達は音声だけではなく，文字を使用して，読者に伝達をすることも人間の伝達の一つですが，ここでの議論は，発話を通しての伝達に絞ります。

なければいけないのですが，どのような表現が可能なのか，ここでは 3 つほどの例を挙げて，観察してみましょう。

(1) 本当に申し訳ないのですが，今晩はお約束が守れそうにありません。他の日にしていただけませんでしょうか。

(2) 実は，今晩は都合が悪くなってしまいました。日にちを変えていただくことは可能でしょうか。

(3) 今晩のお約束，本当に楽しみにしていたのですが，体調を崩してしまい，うちを出られそうにありません。申し訳ないのですが，約束を後日にしていただけると助かるのですが。

　ここには上の三つの例文を挙げましたが，この同じ内容を伝達する文章の数は，いくつあるというふうに数を限定することは不可能です。その理由は，どの発話であっても，話し手が使用する言葉や文構造の種類，それらの組み合わせが無限であるからであり，また，1 回の発話にどのぐらいの情報を相手に与えたいのかなどを，文章の規則にさえ沿っていれば，自由に選択できるからです。話者によっては，長々と話す人，手短にあっさり話してしまう人，その中間ぐらいの人と伝達に使用する文章の種類も長さもまちまちです。

　その上，話し手と聞き手の間の対人関係が文章に反映されますから，関係が異なると，違った語彙や文体や表現を使用することになります。次は，話し手と聞き手の対人関係に焦点を置いた文章の例を見てみましょう。上の (1) から (3) の三つの発話はかなり丁寧な話し方で，話し手と聞き手の関係は，社会的に距離のある者同士の対話であることが分かります。これらの発話を親しい者同士の会話の文章に変えてみると，次のような表現が可能となります。

(4) 本当にごめんね。今晩，行けそうもないの。他の日にできないかな。

(5)　悪いんだけど，今晩，都合が悪くなっちゃってね，行けなくなっちゃった。日にち，変えてもらえる？

(6)　今晩，すごく楽しみにしてたんだけど，体調を崩しちゃって，出られそうにないの。悪いけど，もうちょっと後にしてもらえないかな。

　この（4）から（6）の文章も，他の対人関係に変えると，また違った文章の可能性が出てきます。例えば，男性同士，女性同士，親子間，恋人同士の対話というように状況を変えるとさらに違った発話が生まれてきます。このように同じ内容であっても，その表現のし方が無限にあるという事実は，どの言語も同じです。

　上の例でも分かるように，具体的に観察できる表現は，可能なもののごく僅かの数であることが分かります。ですから，コミュニケーションもすべてを明示的に指導することは不可能です。つまり，コミュニケーションも言語も文法も抽象度においては，違いはありません。教師が具体例を使用して，指導できる発話は全体から見ればほんの僅かな量です。ですから，外国語教師は，指導している外国語の表現の具体例を示すことだけではなく，学習者が意図した内容が聞き手に伝わるような違った文章を産出し，聞き手が与えられた文章が理解できる技能を目標として指導する必要があります。ここに含まれている意味は，学習者は，例文として見たり覚えたりした文章だけではなく，その都度，違った文章を産出したり，解釈できるようになる技能を学習する必要があるということです。このような課題においては，この技能を学ぶ基盤は何であるのかを考察することが必要になってきます。

1.9.　言語の改新的な特質

　先ほど，言語使用者の声を用いて，話者の発話の意図が聞き手に伝わる

ということは，もの凄いことであると書きましたが，もっと凄いのは，母語話者同士であれば，聞き手は，この無限に異なる発話を全く初めて聞いても，理解できるという事実です。もちろん，誤解の可能性は常にありますが，誤解があれば，また言葉を使用して，確認することが可能です。話し手の使用した語彙の意味や発話の意味が理解しにくい時でも，それはまた言葉を使用して，質問することも確認することもできます。たとえ，確認するのに時間がかかったとしても，言葉という道具を人間は持っているので，完全でないにしても理解することが可能になります。この驚くべき母語話者の能力に関して，西山（2004: 101）は，次のように書いています。

> 発話という行為は，どれ1つとして同じものはない。「おはよう」「さようなら」「ありがとう」のようなごくわずかな決まり文句を別にして，大部分の発話に登場する文は，かつてChomskyが指摘したように，改新的（innovative）であり，1回，1回，まったく新しい文の発話なのである。しかも，文の意味と話し手の意図した意味とのあいだには大きなギャップがある。したがって，話し手の意図している意味は，その可能な範囲という点でも，また各意味相互のあいだの微妙な相違という点でも，日常の行為の背後にある意図とは比べようがないほど，複雑かつ膨大なものなのである。それにもかかわらず，われわれは，話し手が意図した意味をなんの苦もなく把握できるのである。

この「複雑かつ膨大」な言語の使用を私たちは，どのようにして，「なんの苦もなく把握できる」ようになるのでしょうか。人間の幼児は，普通の環境で育ち，適当な時期が来れば，何の指導を受けなくても自然と歩けるようになります。それと同じように，幼児は，生後，適当な時期が来れば言葉も話せるようになり，他の人の発話が理解できるようになります。何の指導も必要ありません。それにもかかわらず，「改新的であり，1回，

1回，まったく新しい文の発話」を産出し，また，聞き手にそれが解釈できる母語習得の過程の解明は，学者たちを悩ませ続けている難問の一つです。この難問に関しては，古代ギリシャの哲学者のプラトンがすでに取り上げていて，Chomsky はこれを Plato's problem（プラトンの問題）と表現しています。この人間の自然習得の謎に関して，Russell という学者が，"[h]ow comes it that human beings, whose contacts with the world are brief and personal and limited, are able to know as much as they do know?"（世界の人々は，お互いの接触の機会が限られているにもかかわらず，いかにして膨大な言語知識を持ちうるのか）と表現したのですが，それを Chomsky が引用し，この驚くべき人類の言語習得に関して論じています。[11]

　しかし，ここで付け加えなければいけないことは，大人になってから外国語を学習しようとする学生は，「適当な時期が来れば言葉も話せ，また他の人の発話が理解できる」ようにはなりません。それでも，外国語を学習しようとしている学生は，この改新的な言語から適切な文章を産出し，与えられた文章が理解できるようにならなければ，その言語を学習したことになりません。日本語の授業で覚えた表現だけを繰り返しても，すぐに限界に突き当たってしまいます。母語話者には本書で述べる文法記述などは全く必要のないものですが，大人の外国語学習者には話者と相手が共有した決まりの学習がなければ，言語を使用して伝達し合うことは困難なものとなります。この共有した決まりは言語のすべてにわたって存在しています。例えば，言語の音，語彙，語彙の使用，文構造，文章使用の場の適切性などに関する数多くの決まりが存在します。その決まりは，母語話者の間にはもうすでに存在しているものです。しかし，それらの決まりは研究者が客観的に取り出す必要がありますが，それはまだ完成していませんし，これからも完成は不可能です。この決まりは母語話者自身は意識をし

---

[11] Chomsky (1988: 1-34) を参照してください。

ていないもので，母語話者に疑問を投げかけても回答は戻ってきません。

　人間の言語は改新的であり，また，話し手の思考を表現する文章の数は無数に存在するという2点について論じました。そして，その無数に存在する文章ひとつひとつがこの言語の使用者の間の決まりに沿ったものであることも簡単に述べました。外国語としての日本語指導は，学習者がこの改新的であり，無数の文章の産出と解釈が可能となる指導でなければ，その言語を指導したとは言えません。しかし，この学習にはいくつかの難関を通る必要があります。目標によりますが，言語の学習には膨大な時間が必要です。その上，言語の四技能すべての学習が完成することはほぼ不可能です。外国語学習には，近道はありません。母語話者も母語の四技能を完成させた人はいないのと同じです。

1.10.　日本語学習者のための文法とは

　人類は，言語を使用して，コミュニケーションを取りながら生活しています。ここまでは，話し手と聞き手の間のコミュニケーションを可能にするのは，話し手と聞き手の間に共有された決まりだということを簡単に述べました。ここからは，この「決まり」についてもう少し詳しく考察していきます。

　日本語教育学会（2005）は，その決まりに関して「言葉を交わすときに，話し手と聞き手のあいだで共通の規則が共有されなければ言葉は通じないし，規則の外れた表現をすれば了解不明となる」と説明しています。[12] この共有された「規則」が伝達を可能にするのであれば，この規則を学習することが，日本語学習者の目標となり，この目標に近づくにつれ，話す，聞く，書く，読む技能の基盤が築かれることになります。つまり，この基盤の学習が日本語の各技能を向上させ，日本語でのコミュニケーションを

---

[12] 日本語教育学会（2005: 61）の仁田義雄による記述です。

可能にするという意味が含まれています。このコミュニケーションを可能
にする規則とは，具体的にどのようなものなのかを考察していく必要があ
ります。稲垣・波多野（2018: 69-70）は，次の引用文で分かるように，
この広い意味での規則の集まりを「文法」と呼んでいます。

> われわれが話す文は，一文一文新しい。きまりきった文だけを覚え
> ていて，それをくり返し用いることで間に合わせるというわけには
> いかないのである。われわれは，語彙を組み合わせて言いたい内容
> を表現する文をつくるのだが，これを「正しい」文にするには文法
> の助けが必要となる。… このような規則を使わないと，立ちどこ
> ろに文法的に「適格でない」（誤った）文が生じるのである。… 他
> の人の話を聞いてわかるという場合も，文法が重要な役割を果たし
> ている。

　伝達が成り立つ発話には，多くの決まりが含まれています。例えば，使
用言語の音，語彙，文構造における決まり，また，それらの規則に則して
作成した文章を発話する場の適切性などといった広い範囲に及ぶもので
す。これらのどの決まりを取り上げても，複雑であり，また，抽象的で
す。
　しかし，日本語を自由に使えるようになるとは，どのようなことである
のかを考えると，新しい問題が浮上してきます。それは，このような決ま
りを理解し，文産出や理解に使えるようになったからと言って，四技能の
学習ができるようになるというわけではありません。この文法は，あくま
でも，四技能学習の基盤になるものです。実際に四技能が運用できるよう
になるには，技能別の練習が必要です。次に外国語学習者にとって，新し
い言語の四技能を学習するということがいかに複雑なものかについて考え
てみます。

1.11. 複雑な言語運用

　母語話者であれば，言いたいことは，発話の場の判断を行い，適切な語彙を一瞬にして選び，その語彙を一瞬にして正しい文構造に入れて，一瞬にして適切な感情や気持ちを声に含めて，発話することが可能です。これらすべては，ほとんど無意識で行われます。この一瞬にしてできる行動を「自動化された行動」（英語では "automaticity"）と言います。自動化に関して，DeKeyser (2001: 125) は次のように述べています。

> The ultimate of automaticity is probably our ability to use language. Through a complex chain of mental operations, carried out in a fraction of a second, we can convert complex thoughts and feelings into sound waves … Given the complexity of this skill and the speed with which it is used, it is not surprising that it takes years to acquire, and that learning a new language in adulthood is a slow and frustrating process.
>
> （自動化された行動の最適な例は言語の使用であろう。複雑な心的な運用を通して，一瞬にして複雑な思考や感情を音波で伝える。この複雑な技能が瞬間的な速度で行われることを考えると，大人になってからの外国語学習がいかに時間がかかるもどかしい過程であるのかは十分に理解できる）

　外国語はだれでも学ぶことができますが，即座に学べるものではなく，非常に時間がかかる上に，どんなに時間をかけて学んでも母語話者のようにはなれません。稲垣・波多野（2018: 67-68）の次の文章の内容は，外国語教師にとっては納得のできるものでしょう。

> ヒトという種は，学習することによって環境によりよく適応しうる可塑性をほぼ一生にわたって備えているのが特徴であるが，にもかかわらずヒトが常に速く，ないしは容易に学ぶかというと決してそ

うではないのだ。いや，学習はほとんどの場合，帰納を含む——つまり有限の観測にもとづいて得られる情報と適合的なたくさんの解釈・仮説のうちからひとつを選ぶのであるから，時間がかかるのは，原則的にいってもやむを得ない。

　英語を母語とする日本語学習者にとっては，日本語はカテゴリー4の言語です。この分類では，英語を母語とする大人が外国語を学習する時に必要な時間を基に，カテゴリー1（多くのヨーロッパ言語）からカテゴリー4（一番，時間のかかる言語で，アラビア語，中国語，韓国語，日本語がこのカテゴリーに含まれている）まで四つのカテゴリーに分けられています。カテゴリー4の言語の学習には，カテゴリー1の言語の学習と比べると，3倍の時間がかかると言われています。[13] この事実は，大学の四年間，日本語を履修しても，ヨーロッパ言語ほどの技能には達することができないということを示唆しています。その事実を考慮に入れた現実的な目標を作る必要があります。つまり，大学卒業までには，日本語の基盤となるものをしっかりと指導し，その後は，学習者自身が自律した学習ができるように指導するのが理想的です。自律した学習力を目標とした指導に関しては，第5章で詳しく述べていきます。

　言語が複雑かつ奥深いものであることをだれも変えることはできません。それでも，人間は，どんなに複雑で奥深いものであっても，それらを学ぶ力は持っています。人間は，自然に学ぶ力が与えられていますから，常に学んでいます。しかし，無駄の多い学び方と基本づくりをしっかりとした学び方とでは，学生たちが教室指導を去った後の学習力にはかなり大きな違いが出てきます。したがって，教師の仕事の一つは，教室指導を行っている間の学びに無駄を作らないことです。

---

[13] Jorden and Lambert（1991: 3）を参照してください。

1.12.　学習過程の無駄とは

　母語が英語である学習者が教師にする質問の中で，文構造に関してのものが多いということについて考えてみます。学生の質問に答えるのは，教師の主な仕事の一つですが，質問への答え方は多くあります。ここでは，教師が文構造に関しての質問に英訳を与えて答えた場合を想定してみます。そして，この場合，好ましくない結果を生むことがあるということについて論じます。

　英訳に頼って産出した文章が日本語としては，座りのわるい，ぎこちない文章になることがよくあります。[14] このような文章は学習者であれば，だれでも産出した経験があるものですから，これ自体が問題だとは思いませんが，このような文章産出が日本語としては非常に不自然であるということを自覚しないまま学習を続けていくと，その誤用が化石化してしまいます。化石化してしまった誤用を後で修正し，学習しなおすという過程は，新しいことを学習するよりも時間がかかることがあります。そのために，正しいものを始めから学んでおく方が最終的には学習時間に無駄がなくなります。

　この英訳に頼った誤用の例を少し見てみます。日本語学習によくみられる誤用の中に，「ある」という動詞の使用があります。普通，「ある」の語彙には英語の訳 "to have" がつけられていることが多く，学習者はその訳に頼って，多くの文を産出します。下に誤用を含めたいくつかの例文をみてみます。* 印を付けたものが「ある」を誤用したものです。その後の括弧の中にもっと自然な日本語を記しています。(7)は，この動詞を正しく使った場合の例文ですが，(8)と(9)の文章は，この動詞の英訳を使って文産出を行ったために不自然な文章になってしまった場合の例です。

---

[14] 野田・迫田・渋谷・小林（2001）には，日本語学習者の文法習得を多方面から観察した結果が多く取り上げられています。

(7)　今日は，時間がたくさんあります。

(8)　*妹は長い髪があります。(妹は髪が長いです。)

(9)　*あの女優はきれいな顔がありますね。(あの女優は，きれいな顔をしていますね。)

　このような例は，きりがないほど多くあります。ここに挙げた例は，語彙の誤用例ですが，語彙だけではなく，文構造の誤用も，表現の誤用も，助詞の誤用も，動詞の活用の誤用も，ここに取り上げられないほど頻繁に観察します。

　次は類義表現の例をみてみます。英語での目的を表す言い方"(in order) to eat"を表現するために日本語の目的表現の「食べに」を使い，文を産出した時の例文です。(10)は，正しい使い方で，(11)は誤用の例です。ここも括弧の中に日本語としてはもっと自然な文章を記してあります。

(10)　昼食を食べに食堂に行きました。

(11)　*昼食を食べに1時間の休みを取りました。

　　　(昼食を食べるために1時間の休みを取りました。)

　文の最後の動詞が移動を示す動詞(例えば，「行く」，「来る」，「帰る」など)とそうでない動詞では，目的を表すには，日本語では違う構造を使わなければいけません。この間違った文章を産出した学生はこの違いを理解していないか，まだこの違いを学んでいない学生なのでしょう。英語に訳すと両方，同じ英語(つまり"(in order) to eat")になりますから，区別ができず，誤用を生んだ例です。

　次は表現の誤用をみてみます。聞き手の母親が病気になってしまったということを聞いた時，同情の気持ちを表す時の誤用には次のようなものをよく観察します。

28

(12) *お母さんがご病気で，すみません。（お母さんがご病気だそうで
　　　すね。大変でしょう。）

　英語では，"I am sorry to hear that your mother isn't well." というと
ころを直訳して産出した結果，このような文になったのでしょう。日本語
の「すみません」という表現は，何か話し手自身が行ったことへのお詫び
には使えますが，お悔やみには使えない表現であることを知らないために
このような文章になってしまったのでしょう。

　誤用は自動化する前に指摘しておくと，誤用の化石化を防ぐことができ
ます。誤用に関しては，学習過程のできるだけ早い時期に，なぜ誤用なの
かということを理解させることが大事です。学生たちは，多くの場合，な
ぜ彼らが産出した文が間違いなのか知りたがりますし，知った方が全体の
学習が効果的になります。ラガナ（1988: 204）は，自身が日本語を外国
語として学んだ経験から，日本語の指導者に求めることの一つについて次
のように書いています。

　　　母国語を外国人に教えようとする日本人の場合には，特定の構文パ
　　　ターンが「自然」かどうか，ということだけでなく，その文法性，
　　　または非文法性の理由もよく知らなければならないのである。

　これは，文法の重要性を学生が要求していることを示しています。ま
た，ラガナ（1988: 54）は，成人の学習者には，どのような指導が役に立
つか，次のように述べています。

　　　自然な日本語を話したり書いたりできるようになるために，日本語
　　　の文法と取り組んでいる西洋人にとっては，必要なのは，微妙な，
　　　日本人特有の心理構造や，日本の社会における，複雑な対人関係に
　　　関する詳しい説明などよりも，むしろ英語などのように，自動詞，
　　　他動詞，係助詞，格助詞，副詞，接続詞などの使い方に関する徹底
　　　的な指導である。

　ラガナの発言は,「使い方に関する徹底的な指導」の必要性を学習者の声として表現しています。これは,筆者が今まで観察してきた学生たちの考えと同じです。「なぜ」という質問には答えてもらいたいと学生たちは望んでいます。大人の大学生たちは,多くの質問をしてきます。子供たちも,いつも大人に「どうして？」と何事においても聞かずにいられないようですが,それは,何歳になっても人間の好奇心が存在する証でしょう。

　確かに,ラガナが述べているように,正しい構文産出に役立つ指導が,伝達を学習するのに必要不可欠です。しかし,ラガナは,「日本人特有の心理構造や,日本の社会における,複雑な対人関係に関する詳しい説明」より「使い方に関する徹底的な指導」が必要であると二者択一の発言をしています。言葉を効果的に学ぶには,正しい構文の産出ができるようになることはもちろんのことですが,その文章が発話の場に適したものかどうかを判断する知識も構造上の知識と同じぐらい必要不可欠なものです。外国語を学ぶということは,場に合った正しい文使用によって伝達することを学ぶことです。それを達成させるのには,多くの繋がった関連情報を知ることが大いに役立ちます。それらの情報が統合されてこそ伝達が成り立つことを学習者に認知させることは非常に大切なことです。本書では,文の使用に関するすべての範囲においての記述を「文法」と呼んでいます。文構造が正しくても,その文が場に合わないと,伝達は成り立たないと書きましたが,その例を次のやり取りで見てみましょう。

(13)　すみませんが,月曜日までにこれを書き終えて,持ってきてくれませんか。

(14)　分かりました。月曜日でもいいです。

　(13)と(14)は,文脈を考慮しなければ,文としては,間違いはありませんが,(13)と(14)の流れは,会話としては,成り立ちません。(14)は,意図としては,「月曜日までに書いて,持ってくるのですね。分かりました。そのようにします。」のような受け答えをする意図であったかも

しれませんが，「月曜日でもいいです」と言うと，返答がちぐはぐになっていて，話者の細かい意図は通じません。

　ここの例の会話はとても簡単なものですが，このような短いものであっても，学習者が，この会話は，なぜ会話として成り立たないのかという理由の理解ができれば，すぐにではなくてもいつか必ず役立ちます。すぐではないと言った理由は，学習者は正しい説明を聞いても，同じ間違いを繰り返すことがよくあるからです。その上，説明の意味の誤解も頻繁に起こります。しかし，時間が経てば，日本語に関してのいろいろな情報を多くの学習者は繋げていくことができるようになります。その繋ぎのすべてを学生の負担にするのではなく，教師が繋ぎのきっかけを作ってあげると，学習の無駄が減ります。しかし，これらの効果は個々の学生により違いますから，これもまた複雑な要素であることには違いありません。

　本書でいう文法は，これらすべての日本語に関する情報が含まれているものです。その情報の量は膨大なものですから，一度，学習者に説明したからと言って，すぐに理解できるようなものではありません。学生に，一度，訂正したから，その学生が次には絶対に間違えないということもありません。学びとはそのようなものではありません。時間がかかるものですし，情報処理をいろいろな形に変えながら，時間と共に正しい情報に落ち着いていきます。ここでいう文法指導も全く同じです。文法指導をしたからといって，素晴らしい日本語が産出され，また，難しい文章が急に解釈できるようになるとは言っていませんが，日本語の四技能の学習の基盤作りには文法は欠かせないものであるということを本書を通して論じていきます。

1.13.　本書の構成

　本書では，外国語としての日本語学習の四技能の基盤となるのは，文法であることを中心に論じていきます。しかし，ここでいう文法とは，日本

語学習者のための文法であり，言語学者や日本語教師が一般に思い込んでいる文法とは違った形をしたものです。その文法がどのようなものであるのかを提案する前に多くの前作業が必要です。

　まず，今まで研究で使用されてきた文法概念を詳しく調べる必要があります。その次には，学習者が学ぶというのは，どのような過程を踏んでいるのかが分からなければ，文法を効果的な学びへと繋げてはいけません。それを念頭に置き，本書の構成は次の順番で，論議を進めていきます。

　第2章： 文法という言葉の多義性について述べていきます。文法は研究目標によって，その範囲や記述が違います。したがって，外国語としての日本語学習者のために記述する文法は，母語話者のために記述するものとは違ってきます。ここでは，日本語学習者のために役立つ文法とはどのような形をとるべきなのかということを述べることが最終目標です。

　第3章： 学習者のための文法記述の形を具体的に提案する前に，学習するというのはどのような過程を踏むものなのかを調べなければ，学習者に役立つ文法記述はできません。それだけではなく，文法は抽象的，かつ，複雑です。文法は，理解しにくい，面白くないという根強い偏見があります。理解しやすい記述は大いに可能です。

　第4章： 本書で提案する具体的な文法記述は，参考書として使用できるものです。どの教科書を使っていても，結局は日本語指導ですので，本書で提案する包括的なものは教科書の種類で違ってくるものではありません。この章では，そのような記述に含まれる情報の例をいくつか挙げていきます。本書では実現できませんが，このような学生のための文法記述は，英語で書く必要があります。

　第5章： 第4章で提案した文法記述を使用して，日本語指導を行った実践の一例を示します。日本語学習は，文法記述を提示するだけでは，学習したことにはなりません。文法は四技能の基盤として強力なものですが，各技能の学習は技能別の練習が必要であることを，例を挙げながら，実践の一例として説明していきます。

1.14. 次の章への繋ぎ

　本章では主に米国における日本語指導，日本語学習の課題を挙げてきました。日本語指導の目標は，日本語を使用して話し手と聞き手の間のコミュニケーションを可能にするものであるというのは，以前も今も変わりません。しかし，その目標に向けての指導法には，課題が多く存在しています。その中でも日本語指導の文法の位置づけに関して，論じてきました。文法というのは決まった定義があるわけではありませんが，コミュニケーション重視の指導では，文法指導はしないといったような暗黙の了解の見方が共有されています。このような文法軽視は，指導者にとっても学習者にとっても無駄を増やすことになります。

　本書では，学習者が日本語を使用して，効果的な伝達法を学習するには，文法は不可欠なものであることを論じていますが，その論議を成り立たせるには，そもそも文法とは何を指すのかを明示する必要があります。そのために次の第2章では，文法という言葉がこれまでどのような意味で使用されてきているかを検討します。外国語として日本語を学ぶ学習者のための文法とは，「文にまつわるすべての法」であるということを本書を通して展開していき，最終目的は，その文法の具体的な記述を提案することです。

第2章　文法という言葉の多義性

2.1.　はじめに

　第1章では，米国での日本語教育の課題をいくつか指摘しました。その課題の一つとして，現在の外国語指導一般におけるコミュニケーション重視の指導での文法軽視の傾向を取りあげました。日本語教育でも同じような傾向が観察できます。この文法軽視という表現ですが，文法という言葉の定義を明確にしない限り，何を軽視しているのかは曖昧な解釈となってしまいます。

　外国語を学習するということは，学習者が学習目標としている言語を使用して，伝えたい内容を相手に伝達すること，そして，相手の伝達内容が理解できるようになるということです。この目標達成のための効果的な外国語指導，及び，学習の鍵となるのは，話し手と聞き手の間の伝達を可能にする基本要素は何であるのかを明確にすることです。第1章でも引用しましたが，日本語教育学会（編）（2005: 61）は，「言葉を交わすときに，話し手と聞き手のあいだで共通の規則が共有されなければ言葉は通じないし，規則の外れた表現をすれば了解不明となる」と説明しています。この共有された共通の規則に従わなければ，伝達がなりたたないということは，言い換えれば，この規則を基盤として，各技能（話す，聞く，読む，

34

書く）を学習することが外国語学習の中枢となることを示唆しています。
つまり，外国語としての日本語指導，及び，学習には，この共有された共
通の規則を学ばない限り，日本語を使用して伝達できるようにはなれない
と解釈できます。ここで強調したいことは，この規則を学べば，日本語が
話せる（聞ける，書ける，読める）ようになるという意味で言っているの
ではないということです。この規則は，各技能学習（話す，聞く，読む，
書く）の基盤を築く役目をするものです。各技能の学習においては，後の
章で詳しく論じることにして，本章では，この基盤を築く文法の定義につ
いての議論に焦点をおきます。

　言葉を使用した話し手と聞き手が共有している共通の規則とは，大まか
に述べると，言語の音，語彙，文構造などにおける共通の規則だけではな
く，それらの規則に沿った文章を使用する際の発話の場の適切性などとい
った広い範囲におよぶ共通の規則を指します。つまり，伝達を成し遂げ
るすべてにおける言葉の使用に関する規則です。これらの規則のどの要素
を取り上げても，複雑であり，また，抽象的で，これらを学習するという
ことはどのようなことなのかを考えると，気の遠くなるような膨大さで
す。本書では，この共有された共通の言語上の規則すべてを「文法」と呼
ぶことにします。つまり，文にまつわるすべての決まりです。

　本章では，文法という言葉がいかに様々な意味に使用されてきているの
かを中心に論じていきます。日本語指導と学習に必要な文法とはどのよう
な形をし，また，指導の上でどのような位置付けをし，どのように指導の
実践を行うと，学習に効果的であるのかは，後の章で徐々に展開すること
にします。

　日本語指導における文法中心指導（「文法（文型）積み上げ式指導」など
とも言われています）への反論は，今の米国では常識のようなものになっ
ています。[1] しかし，このような反論で使用されている文法という用語は，

---
[1] 日本での傾向も同じで，例としては，野田尚史（編）(2012) に多くの関連記事が
載っています。

定義を与えて議論しているわけではありません。そのため，本章では，この基本的な言葉である文法の定義を検討することにします。

2.2.　文法定義について

　米国での多くの日本語教育関係者は，文法という言葉を頻繁に使用していますが，その定義においては，それほど疑問を持っていないようです。日本語教育に関する学会やワークショップ，日本語指導の参考書や教科書においても，文法の定義のようなものは，ほとんど見当たりません。

　国語学会（1955: 823）によると，「文法学は言語研究の重要な部門であるが，その内容や方法は時代により変遷があって，今日でも明確に規定されているとは言えない」とあります。その 25 年後に，国語学会（1980: 777）は，「文法という術語を定義するということは，文法とは何かという問いに答えることであり，よるべき文法理論が異なれば，当然，文法の定義も異なることになる。逆に，どのような形のものであるにせよ，なんらかの文法理論，あるいは，指導原理といったものを，その背後にもっていないような文法というものは，考えられないのではないかと思われる」と述べています。その上，国語学会（1980: 777）は，文法の働きについて，次のような興味深い説明を加えています。

> 話し手の立ち場からいえば，文の構成法ということであり，聞き手の立場からいえば，文の分析法ということである。が，いずれの場合にも，その背後に，意味現象の存在していることを忘れてはならない。すなわち，文の構成法というのは，意図されている伝達内容を，一定の言語形式に写し換える作業であり，文の分析法というのも，意図された伝達内容を読みとるための作業にほかならない。

　日本語指導の世界においては，文法概念は，それほど重視されていませんし，多くの場合は，上で国語学会が述べているような思考は無視され，

文法とは何であるのかは，暗黙の了解のようなものが存在しているようで
す。

2.2.1. 暗黙の了解の文法定義の例

　鎌田・川口・鈴木（2000）には，外国語としての日本語指導における多
くの教授法の説明が与えられていますが，その中で「文法」という言葉が
使われているところをいくつか引用してみます。

> 「聞き取る力が発達するにつれ，自らの認知能力によって，文法概
> 念（cognitive map）が形成されていき，話す準備（readiness to
> talk）が整う」TPP（全身反応教授法）（ibid: 45）

> 「ナチュラル・アプローチの一般的な教授目標は，学習者に，目標
> 言語を母語とする人々と意思疎通できる能力をつけることである。
> しかし，これは文法的正確さを軽視することではない。伝達技能に
> 重点を置いていけば，最終的に学習者は，おのずからより正確な文
> 法を使って表現できるようになるものなのである」（ナチュラル・
> アプローチの教授法）（ibid: 135）

> 「初期段階のもっとも重要な目標は，文法知識に依存せずに発話を
> 理解する方法を身につけさせることである」（ナチュラル・アプ
> ローチの教授法）（ibid: 142）

> 「このアプローチは文法翻訳アプローチと対極的な考え方で，無意
> 識的学習，生得的学習（赤ちゃんが言葉を覚えるような）を重視し，
> 文法形式の意識的コントロールは言語習得の妨げになることが多い
> と指摘する … できるだけ自然な発話を提示し，文法説明を排除し，
> 練習の中で自然に言語のルールに気づかせ，習得させるという考え
> 方である」SAPL（サプル）（ibid: 179）

　ざっと目を通しただけでも，これだけ「文法」という言葉が使われているということと，文法学習においても様々な見方のあることが観察できます。しかし，いずれにおいても，文法の定義は見当たりません。ここでの引用は古いように見えるかもしれませんが，現在においても米国では，同じような見解が多く，それほど進歩しているとは思えないのが現状です。

　しかし，どの場合においても，文法の定義が与えられていないというわけではありません。日本語教育における文法定義や日本語研究での文法定義に移る前に，少し寄り道をして，まず，一般に使用されている文法という言葉や英語の“grammar”という言葉の定義がどのように辞書で定義されているかを見ていきます。

2.2.2.　日本語の辞書による定義

　一般の人々の使用する文法という言葉の定義の一例として，『広辞苑』を調べてみると，面白いことに，同じ辞書であっても，出版の年によって，文法の定義が変わってきています。出版年度により，文法という言葉が，どのように定義されているか順をおって引用していきます。

　　　広辞苑（第三刷：1983: 2146）：「文法（1）（言）言語の構成要素を形態と構文との見地から分析・記述する研究。文法論。（2）文章を構成するきまり。作文法」。

　　　広辞苑（第四刷：1991: 2294）：「文法（1）（言）言語の構成要素を形態と機能との上で支配する通則。また，それを分析・記述する研究の普通形態論と構文論とから成り，これに音韻論を加えることもある。（2）生成文法では，言語能力の規則の体系。（3）正しい言葉遣いの規則。規範文法。（4）文章を構成するきまり。作文法」。

　　　広辞苑（第六刷：2007: 2514）：「文法（言）（1）一つの言語を構成する語・句・文などの形態・機能・解釈やそれらに加えられる操作

38

についての規則。(2) 言語研究における統語論・形態論・意味論・音韻論の総称。ことばの規則体系全般の研究。(3) 正しい言葉遣いの規則。規範文法。(4) さまざまな事象に内在するきまり・約束事」。

広辞苑（第七刷：2018: 2621）：「文法（言）(1) 語彙項目を組み合わせて文などの複合的な表現を作るための構文のようなパターンと名詞・動詞・主語といったその構成要素とからなる体系。(2) 言語研究における統語論・形態論・意味論・音韻論の総称。ことばの規則体系全般の研究。(3) 正しいことば遣いの規則。規範文法。(4) さまざまな事象に内在するきまり。約束ごと。

　上の引用文は1983年から2018年の35年にわたったものですが，文法という言葉の定義の揺れが観察できます。四冊とも，まず，言語学の分野での定義が与えられていますが，それも新しくなるにつれて，言語学領域の文法範囲が広まってきています。言語学における定義の後には，一般的な定義が挙げられています。

　上に挙げられた四つの定義を詳しく見てみると，『広辞苑』の第三刷では，言語学の研究対象のものであることがまず定義に挙がり，その後は，作文法となっています。作文法というのは，至って曖昧な定義ですが，単に一つの文を作成するためだけではなく，文脈を重んじた文作成という意味が含まれています。第四刷では，言語学上での定義がかなり詳しくなる一方，「正しい言葉遣いの規則」と一般的な機能の規則の領域に入っています。第六刷では，言語学上での定義の中にも「機能」や「解釈」の領域が含まれています。第六・七刷での興味深い定義は，「ことばの規則体系全般の研究」と，言語の使用範囲の広い決まりであることを表しています。一般に言えることは，『広辞苑』が新しくなるにつれて，文法という用語の意味が広がってきているということです。

2.2.3.　英語の辞書による定義

Webster Collegiate Dictionary（1977: 499）には，英語の "grammar"
という言葉は，ギリシャ語の "grammatikē" という言葉が中世フランス語
に入り，"gramaire" として使用され，それが英語に入ったものだという
情報があります。これらの言葉の意味は文字に関することという広い意味
で使用されていたようです。

　現在，広く使用されている辞書においても，英語の "grammar" の定義
は，辞書により違います。Oxford Dictionary of English（2015: online）
では，"grammar" は，次のように言語学的な定義が与えられています。

> The whole system and structure of a language or of languages in
> general, usually taken as consisting of syntax and morphology
> (including inflections) and sometimes also phonology and se-
> mantics.
>
> （ある特定の言語，あるいは，言語一般の構造と体系であり，普通，統語論，
> 形態論（活用を含む），音韻論，意味論などからなると解釈されている）

一方，Oxford Advanced Learner's Dictionary（2010）では，次のよう
に三つの定義が挙げられています。

1. The rules in a language for changing the form of words and
   joining them into sentences;
   （ある言語における語彙の変形，及び，語彙の組み合わせにより文章を作
   成する規則の集まり）
2. A person's knowledge and use of a language;
   （人間の言語の知識，及び，言語使用の知識）
3. A book containing a description of the rules of a language.[2]

---

[2] 電子辞書使用。*Oxford Advanced Learner's Dictionary*. 8th edition. Oxford Uni-
versity Press. Ex-word data plus 6. 2010.

（ある言語の規則の記述を収録した書）

　この三つの定義の 2 番目は，言語の知識（a person's knowledge）と言語の使用に関する知識（use of a language）が含まれていることがとても興味深いところです。この知識とは，母語話者が生まれながらに所有している知識のことで，言語を使用している母語話者が言葉で説明できるような知識のことではありません。[3]

2.2.4.　言語学における定義

　言語学の研究では，文法自体が研究対象であることが多いために，文法における研究範囲をかなり狭め，それらを理論的に深く研究するのが常です。ですから，文法の定義は，研究目的に合わせた狭義で使用されています。例えば，Crystal（1985: 141-142）の "grammar" という言葉の定義には，descriptive grammar（記述文法），theoretical grammar（理論上の文法），formal grammar（形式上の文法），comparative grammar（比較文法），traditional grammar（伝統的文法），universal grammar（普遍文法）等に分類されて，それぞれの定義が与えられています。

　言語学での定義は，それぞれの学者の専門の研究目標に合わせているため，本書で取り扱う外国語としての日本語学習者のための文法とは，意図が異なります。だからと言って，言語学者の研究が日本語教育と関係ないかというと，そうではなく，大いに関係があります。もちろん，言語学者の研究は，専門家同士の伝達の目的で書かれますので，記述が専門的であるため，それらをそのまま，外国語としての日本語文法の記述には使用できません。言語学の研究の中には，貴重な情報が詰まっていますから，教師が理解するに越したことはありませんが，その内容をそのまま学生に伝えても学習者には役立ちません。大事なことは，言語学から得た情報を教

---

　[3] このような知識のことを Chomsky（1965）では，competence，Chomsky（1986）では I-language と呼ばれています。

師がいつ，どのように学習者に伝えるかということです。

2.2.5.　日本語の学校文法（国文法）

　日本語の文法は，目的により違った視点で研究されてきました。そのため，研究対象が同じものであっても，研究結果の記述が違ったものになる可能性があります。例えば，頻度としては多分一番多いだろうと思われる助詞の「は」一つの記述の例をとってみても，研究者の視点によって，かなり違ったものとなっています。[4] これは，日本語文法研究者がいろいろな視点から日本語文法の研究をしていることの反映であって，問題点だとする必要はありません。文法研究の視点の違いは，学校文法（国文法とも言われています）と外国語としての日本語文法研究の違いにも現れています。

　日本語文法は，主に，国語学，言語学，日本語教育関係の分野の研究者によって，研究されてきています。実は，「日本語」という名称ですが，日本の学校では「国語」と呼ばれ，外国語として日本語を学んでいる学生には「日本語」と呼ばれています。無論，国語も日本語も同じ言語を指しています。これに関して，月本（2009: 136-137）は，次のように述べています。

> 学校での日本語教育は，国語教育と呼ばれ，外国人向けの日本語の教育は，日本語教育と呼ばれる。「国語」と「日本語」に対応して，国文法と日本語文法の二つがあり，その中味も違う。すなわち，国語と日本語では文法が違うのである。また教育用の文法に関しても，学校文法と日本語教育文法の二つがあり，その中味も違う。

　学校文法（国文法）に関しての批判は，いろいろな書物に書かれています。例えば，町田（2002: 11）は，「私たちが学校（大体は中学校）で教え

---

　[4] 例えば，Hinds, Maynard, and Iwasaki (1987) を参照してください。

42

られる国文法とか学校文法とか呼ばれているものは，記述の中身が不正確なことがあるだけではなくて，説明についてもあまり納得のできるものとは言えなさそうな場合がかなり見られる。」と書いてあります。

　50 年以上も不変の学校文法について，月本（2009: 137）は，「学校文法が自虐的言語観を生んでいる」と題する章を設け，その自虐的言語観を次のように説明しています。

> 　学校文法は，橋本進吉が作った橋本文法を基に長年かけて修正してきたものである。学校文法は，現代仮名遣いや常用漢字のように政府が告示したものではなく，明文化（はっきり文章に書き表すこと）されてもいない。したがって，学校文法といっても教科書や参考書等において細かい違いが見られる。学校文法は，助動詞や文節などといった様々な問題をはらんでいるが，最大の問題点は「主語－述語」である。

　上の月本が取り上げている文法用語の「主語」について論じる書物も目につきます。ここでは，「主語」に関する課題を詳しく取り扱うことはしませんが，そのような書物の例としては，月本（2008）の『日本語は論理的である』や金谷（2002）の『日本語に主語はいらない』などがあります。しかし，これはそれほど新しい課題ではなく，三上章がすでに「主語廃止論」として，日本語には主語は必要ないと主張していますが，その三上章の主張に関して，寺村（1972: 232-233）は次のように説明しています。

> 　西洋文法から"主語""主述関係"という概念を直輸入して，それを日本語の構文の中心に据えていることが，日本語の正しいシンタクス研究の発展を阻害している，という主張であり，それを周到に論証して世に問うたのが序論であったのだが，まるでノレンの腕押しで，感心する声は聞こえてきてもまともな反論は打ち返されて来ず，現実は一向に変わらなかった（とミカミさんは思われた）。

　この課題は，現在もそれほど変わりはありません。先にも説明しました
が，「主語」という用語だけではなく，多くの用語の定義や文法説明が学
者や研究者によって違っていますが，一般的には，西洋の研究がそのまま
日本語に置き換えられているような現象が頻繁に起こっていることを多く
観察します。

　西洋からの直輸入文法に関してですが，言語学だけではなく他の分野も
同じ現象が観察されているようです。言語学者の井出と心理学者の波多野
が，日本の研究者の欧米追従について，「学問の分野の土台が欧米モデル
でそれに近づくことが目標だから」だろうと言っています。[5] 現在におい
ても，日本語研究や外国語指導にもこの事実が進行形であることには変わ
りありません。

　ここでは，学校文法と日本語教育文法の違いと輸入文法との二つの課題
が挙がっています。まず，輸入文法とその例を挙げ，その後に，学校文法
と日本語教育文法の違いについて考察します。

2.2.6.　輸入文法

　日本語が外国語として，米国の大学の科目に含まれるようになったの
は，カリフォルニア州立大学のバークレー校が初めてで，1900 年だった
ようです。しかし，米国の多くの大学で日本語が外国語教科として取り入
られるようになったのは 1980 年代で，その頃から現在に至って，教科書
も多くの中から選択できるという好ましい状況になっていますが，同時に
文法の取り扱いも輸入文法に近いものを観察することができます。これを
理解するのには，少し歴史を遡ってみる必要があります。

　時枝（1950: iv）によると，現代口語の日本語文法が研究されるように
なったのは 1898 年のことで，時枝も，上で述べた寺村と同じように，日
本語文法研究がヨーロッパ言語の法則に沿って行われていることへの疑問

---

[5] 井出・波多野 (2005: 9) を参照してください。

を投げかけています。

> 今日，文法学の基礎知識は，日本語についてよりも，むしろ英，仏，獨等のヨーロッパの諸国語について与えられる方が多い。そこで，日本語の文法についても，ヨーロッパの諸言語の文法を基準にして考えたがる。その結果，割り切れない多くの現象に行き当たるのであるが，言語は伝統的なものであり，歴史的なものであって，思考の法則が普遍的であるようには，言語の法則は一般的な原理で律することができないものを持っている。［省略］ヨーロッパの言語の法則が一般文法の原理であるかのような錯覚を打破することが何よりも大切である。

　時枝の発言の 30 数年後に Miller（1986: 46）も時枝と同じような見解を表しています。

> After studying a number of pedagogical tools prepared by Japanese scholars with a view to initiating Westerners into the grammar of the Japanese language, the Italian sociologist Fosco Maraini concluded, with good reason, that 'applying the patterns characteristic of the Indo-European family to a language that developed in a totally different environment is like trying to fit a square peg in a round hole.'
>
> （イタリア人の社会学者であるフォスコ・マライニは，日本語研究者による西洋人向けのいくつかの資料で日本語文法を勉強してみて，日本語文法について次のように述べている。ヨーロッパ言語とは全く特質の違う日本語をヨーロッパ言語の型にはめようとするのは，丸い穴に四角い釘を入れようとするのと同じぐらい無理なことである）

　上に挙げた輸入文法の影響は，多くの日本語文法研究に見られます。次に，輸入文法の一例として，外国語としての日本語学習にも関連のある時

制の概念と過去形について考察してみます。

2.2.6.1.　輸入文法の一例としての時制と過去形

　先に，詳しくは述べませんでしたが，西洋文法の概念を直輸入した「主語」という用語使用の批判の声の例を挙げました。ここでは，日本語における動詞の時制に関しての問題の例を詳しく見てみます。人間の生活には，どの文化であっても，時間の概念は大切です。しかし，時間がどのように言語に反映されているかは言語によって違います。

　英語では，「未来・現在・過去」という時制を表すために，"will study tomorrow"（未来），"study every day"（現在），"studied yesterday"（過去）などの表現が可能ですが，動詞自体がこの三つの時間を区別するのではありません。現在と過去は，現在形，過去形と動詞が活用します。未来に関しては，未来形という活用は存在していませんが，"will" などの助動詞を使用することにより未来の時制を表すことができます。英語での動詞の活用は，「現在，過去，過去分詞」という三つで，"take"（現在），"took"（過去），"taken"（過去分詞）という活用をします。「過去分詞」は，完了などを表すのに使用され，"have taken" というふうに，"have" という助動詞の後に使用するものです。

　外国語としての日本語教育では，動詞が「た」で終わる形（例えば，「書いた」，「書きました」）の名称が定まっていません。米国では，特に初級の授業での文法説明は英語を媒介とすることが多いのですが，この「た」のつく動詞の形を英語の名称で "past form"（過去形）と言うことがほとんどです。

　日本語教育学会（編）（2005: 131）の次の記述から，述語の形を時制としてみるか，アスペクトとしてみるかによって，名称が二つに分かれていることが分かります。

　　　日本語の述語は，〈非過去（現在・未来）−過去〉というテンス的対

立を有する。このうち〈過去〉の形を「タ形」という。… 動詞のスル形とシタ形の対立を〈未完了－完了〉（未然－既然）というアスペクト的対立と見る立場もある。

　「過去」という名称は，学習者には分かりやすいのですが，その結果，日本語の動詞を英語と同じように取り扱う場合が多く，学生が文産出をする際に，次のような誤用をすることがあります。

(1)　昨日，寝た前に面白いドラマをテレビで見ました。（正しくは，「寝る前に」）

(2)　明日，母に電話する後で，友達と映画を見に行きます。（正しくは，「電話した後で」）

　上の (1) と (2) の誤用は，英語の影響です。(1) では，昨日という過去のことを述べた文であるにもかかわらず，「寝る」という形が使用される理由は，寝るという行動が完了する前にテレビを見たということから，未完了を表す「寝る」という形を使用しなければいけないからです。この活用形を "past form"（過去形）という名称にすると，過去の出来事にはどんな内容であってもこの "past form"（過去形）を使用する傾向にあり，誤用を生んでしまいます。

　(2) の理由付けも同じで，ことが起こるのは明日で，まだ起こっていなことを述べた文です。映画に行くのは明日であり，いつ行くのかというと，母親に電話で話すことが完了した後ということで「電話した」という行動の完了を表す形が使われなければいけません。しかし，まだ起こっていない明日のことなので，"past form"（過去形）は使えない，つまり，「電話した」という活用形は使用できないと判断して，「する」を使用した結果，誤用となってしまいます。

　少し，寄り道になりますが，日本語では，過去形と言われている「－た」で終わる動詞には多くの機能が含まれています。日本語教育学会（編）

(2005: 131–132) は，次のような例文を挙げています。

(3)　昨日，図書館で森さんに会いました。

(4)　明日，森さんに会った時に，言うつもりよ。

(5)　やっと，宿題，できた。

(6)　あ，ここにあった。

(7)　あなたは，森さんでしたね。

(8)　さっ，食べた，食べた。

(3) の文の動詞の意味は英語の過去形と変わりなく，昨日，起こったことを表現しています。(4) では，話し手はまだ森さんに会っていませんが，明日，森さんに会うつもりで，会うことが完了した時という意味で，「会った」という形を使用しています。(5) では，宿題を終えた途端に発した表現で，まだ，宿題も話し手の姿勢も宿題をしている時とは変わりない時の発話ですが，完了したということを表しています。(6) では，何か探しているものが見つかった時に発した言葉で，見つかったものは，まだ目の前にあります。(7) の文では，相手は，森さんという名前ですが，話し手が記憶を確認する時に使用した表現です。話し手の記憶が正しいのか，聞き手に確認しています。(8) では，話し手は，聞き手に目の前のものを食べるように勧めている時の発話で，食べる行動を始めてほしい時に使用する表現です。

　日本語教育学会 (編) (2005: 132) は，このような8つの用途に関して，「タ形のこのような多様な用法があることをどのように説明するかについては，研究者のあいだでさまざまな意見があり，定説と呼べるものはない」と説明しています。理由付けは，様々あるかもしれませんが，学習者には，「過去形」という名称が誤解を招くことは，長く日本語を指導していれば分かります。筆者の大学では，動詞の形は，「完了形」(perfective)と「未完了形」(imperfective) という名称にして，「完了形」の使用の理由を説明することで，多くの学生は納得できているようですが，それで

48

も，「完了形」は「過去形」と同じであると理解をして，ここで示されたような誤用をすることもあります。これは，母語の影響が働いているからなのかもしれません。

　藤井（2010: 190）は，「た」の意味について次のように説明しています。

> 今日の「た」について，先に出したように（1）結果と存在とも担い（＝完了と言われる），（2）過去という時制をもあらわすというたいへん重たい二重の責任があることに気付く。

　言語は，どの言語でも，一つの形のものが多くの意味や機能を背負っていますので，「た」が特別だとは思えません。むしろ，一つの要素が一つの意味や機能だけを表す方が少ないのではないかと思います。助詞なども同じで，「に」は多くの意味を背負っています。頻繁に使用される「は」もそうです。

　歴史を遡ると，昔の日本語は，少なくとも，文字の上においては，時を現在よりもっと細かく表現していたようです。藤井（2010: 222）は，言文一致の影響で，時を分類していた多くのものが「た」になってしまったという事実を次のように説明しています。

> 言文一致の時代がやってきて，「源氏物語」などの古典の現代語訳では，もっともっと恐ろしいことが起きた。「き」が「た」になり，「けり」が「た」になり，「つ」が「た」になり，「ぬ」が「た」になり，「つ」が「た」になり，「たり」が「た」になり，「り」が「た」になり，それだけではない，「き」でもなく「けり」でもなく「つ」でもなく「たり」でもなく「り」でもない，非過去で投げ出されている裸の文末までが「た」になった。

　藤井（2010: 201）の説明によると，日本語文法研究家である山田孝雄や時枝誠記などは，「時制」という語は使用していないということです。ただし，「キリシタン文献の記録から見ると，「た」は過去ということにな

る」と記しています。このような説明からも日本語文法の記述に西洋文法の影響である輸入文法が存在していることが垣間見えるような気がします。

2.2.7.　日本の学校での文法概念の導入

　日本で日本の生徒たちがいつごろ「文法」という概念を学校で学ぶのかを調べてみると，中学一年生の国語の教科書に「文法」という言葉が導入されているようです。それ以前も「言葉」と題して，言葉の特質などを徐々に説明していることが観察できます。中学一年生の教科書の『国語1』(2016: 240) には，「文法の扉」として，文法という言葉の定義が次のように与えられています。

> 　私たちが言葉によって伝え合い，理解し合うことができるのは，言葉の意味ばかりでなく，言葉がどのような順序で組み立てられ，どのように使われるかを知っているからである。このような言葉に関する決まりを文法という。文法は言葉を使う中で自然にみについていくものではあるが，より正確に伝え合うために，改めてその決まりを確認し，整理しよう。

　上の定義でも，伝達が成り立つには，言葉の使用上の決まり，つまり文法があるからであることを示しています。後半には，「文法は言葉を使う中で自然にみについていくもの」と書かれていますが，これは明らかに日本語を母語とした話者のことであり，日本語を外国語としている学習者にはあてはまるものではありません。もちろん外国語習得の時期が幼児の時期であれば，文法は自然に身につくでしょう。しかし，本書の対象としている外国の大学における教室での学習者には，文法は自然に身についていきません。学校文法は学校文法の対象があり，日本語文法は日本語文法の対象があるから，このような違いが出てくるので，これが問題だとは言い難いものです。この点において，次に詳しく見てみます。

2.2.8. 学校文法（国文法）と日本語文法

　研究対象を国語と言っても日本語と言っても，言うまでもなく，同じ言語を指しています。また，文法研究も，学校文法（国文法）と呼んでも日本語文法と呼んでも，同じ言語の文法を研究しているわけです。しかし，研究対象の文法がだれのために記述されるかが違えば，記述も自ずと異なってきます。つまり，母語話者のためなのか，外国語としての日本語を学んでいる学生のためなのか，言語学者のためなのかと，研究内容を伝える対象が違った場合は，全く違った記述を使用するのは当然です。これはどの分野も同じでしょう。物理学の学者同士が学会などで発表する時と，高校や中学の物理の先生が生徒に説明する時とでは，同じ現象について話していても，その話す場が違うために，表現のし方も違うのは，当然であるのと同じことです。したがって，国語と日本語の文法が違うというのは必然的なものであり，問題として取り上げる必要はないと考えます。日本語文法は，日本語を外国語として学ぶ学生が使用するための文法ですが，学校文法は，日本語を母語とした生徒たちに日本語を客観的に見る指導のために使われるのですから，目標が全く違います。

　月本（2009: 146）は，学校文法と日本語文法の研究成果の取り入れ方の違いを次のように説明しています。

> 日本語に関する研究は進展しているが，日本語文法は，この研究成果を取り入れている。しかし，学校文法は，基本的にはこの研究成果を取り入れていない。

　この違いの理由も，文法記述を使用する必要性にあるのではないかと思います。上の引用で月本は，「日本語文法は研究成果を取り入れている」と述べていますが，それは，少なくとも米国においては，時と場合によって，かなり違います。米国の大学の日本語の授業では，日本語文法と言われているものの取り扱いにかなりの違いがあります。例えば，動詞の活用分類を国文法にちなんで，「五段活用」，「上一段活用」，「カ行変格活用」

などという言葉を用いて，説明している大学の授業もありますし，動詞が
「食べる」や「見る」といったように，「る」の音節で終わり，「る」の音節
全体が活用するものを"ru-verb"とし，「書く」や「読む」のように最後の
音節の母音 /u/ の部分が活用するものを"u-verb"というような分類を基
に動詞の活用を教えている学校の授業もあります。その上，動詞の活用に
関して，単にグループに分け，Group 1 verbs と Group 2 verbs に分け，
それに当てはまらないのは，Group 3 としているものもありますし，グ
ループの番号が逆の場合もあります。それだけではなく，もっと別の分類
をしている教科書もあります。[6]

　品詞の分類においても，「静か」や「便利」などの単語を国文法と同じよ
うに，「形容動詞」と分類し，教えているところもありますし，これらの
単語は，次の名詞を修飾する時に「な」という助詞を必要とするため，
"na-adjective"と分類し，「大きい」や「楽しい」のように「い」の音節で
終わる形容詞を"i-adjective"と呼んでいる教科書もあります。そして，
さらに他の名称を使用しているところもあります。

　ここまでは，国文法と日本語文法の違いや米国の日本語授業でのそれら
の使用の例を取り上げました。ここでも，外国語としての日本語の授業で
用いる文法用語などにいろいろな違いが観察できることを述べてきまし
た。この例でも分かるように，米国で日本語教育における文法と名称する
ものの範囲は統一されていません。多くの教師は，文法と文型は，類義語
のようなものとして理解していますし，狭い意味では，述部の活用の規則
のようなものであるとも理解しているようです。次は，日本語教育に焦点
を置き，日本語教育の分野での文法概念について考察します。

---

[6] この違った動詞の分類には複雑な問題も存在しますが，本書では議論の対象外にな
りますので，その説明は省きます。

2.2.9. 日本語教育における文法の定義

先に日本語教育では文法という言葉の定義には暗黙の了解のようなもの
が存在すると書きました。しかし，文法の定義が全くないというわけでは
ありません。ここでは，日本語教育における主な二つの文法の定義を取り
上げます。一つは，「文型」というもので，もう一つは，日本語教育学会
が述べた文法概念の説明です。この二つはかなり違った角度から文法とい
うものを見ていますが，不思議なことに，日本語教育の分野では，この二
つの概念の違いが学会や出版物で課題として取り上げられるということは
ほとんどありません。しかし，筆者にとっては，大事な課題ですので，本
章で取り上げることにしました。まず，「文型」という多くの日本語教師
が使用している概念から始めます。

2.2.9.1. 文型文法と文型指導の限界

日本語教育に関する書物を読んでいると，「文型」という言葉が頻繁に
使用されているのが分かります。荒川（2013: 107-108）は，日本語教育
における文法に関して，次のように述べています。

> 主として動詞を中心とした文法項目をパターン化したものを「文型」
> と呼びます。日本語教育文法の基本である「わかりやすく役に立つ
> 文法」という考えを推し進めていくと，「文型文法」という考え方
> に行き着きます。そこで，日本語教育文法を文型文法と呼ぶことも
> あります（この本でもここからそのような使い方をします）。外国
> 人のための日本語教育では，多くの場合，この文型文法にもとづい
> て授業が行われています。

確かに日本語教育の分野では「文型」という言葉を多く耳にしますし，
日本語教育においての文法は文型であるという前提で，参考書のようなも
のも出版されています。現在，米国の日本語教育では，「文型積み上げ式」
などと言われ，文型指導にかなりの批判が現れています。繋がりのない文

型の多くを学生に提示して覚えさせても，言語運用はできないというところが主な批判ですし，そのような積み上げは学習者には負担となり，日本語学習にも効果的であるとは言えません。

　文型は，多くの教科書や指導に使用されています。コミュニカティブ・アプローチを使用しているという教師であっても，文型は使用している場合が多いようです。奥野（2012: 86）はこの点に関して「日本語教育ではコミュニケーション重視の教育が叫ばれ久しいが，文型積み上げ式の教科書や教材が主流であることに変わりはない」と言っています。何事も使い方一つで結果は変わってきますので，文型を授業で使うことへの批判というより，ここでは，日本語指導の分野で「日本語の文法が文型である」という定義に対する限界をここでは説明します。

　例えば，荒川（2013: 108-109）は，文型の例の一つとして，次のような文型を挙げています。

　［文型］　（N1 に）　（N2 が）　（ある）
　［例文］　向こうに携帯がある。

　確かに挙げられている例文は，文型通りに語彙が入っていますし，文も意味をなすものです。しかし，始めの二つの名詞の「N1 に」と「N2 が」が逆になった文，つまり，「携帯が向こうにある」という文をある学生が発話したとします。この文も日本語としては成り立ちます。しかし，この二つの文の使用できる発話状況は違います。この場合，「N1 が N2 にある」というように，また別の文型を与えるのでしょうか。それとも，N1 と N2 の順序はどちらでもいいというような指示を出すのでしょうか。どちらの指示を出しても問題解決とはなりません。文型は発話の文脈は考慮に入れないので，多くの場合，言語運用の学習には問題点が多く出てきます。次にその例を挙げます。

　ここで，ある発話状況を想定してみましょう。ある時，母語話者が自分の携帯を探しているとします。それが見つかった時に，「あったよ，僕の

携帯が，こんなところに …」と言ったとします。このような語彙の順序
が入れ替わる現象は，会話では頻繁に起こります。この文では，動詞の
「ある」が先に来て，その次に，ものである「携帯が」（N2）が使用され，
その後が場所である「こんなところに」（N1）となっていて，文型で与え
られたものではありません。しかし，発話自体は状況に適したものです。

　この例のように，名詞句の語順が比較的自由なのは日本語の特質の一つ
であり，名詞句に伴う助詞が正しければ，名詞の順番が入れ替わっても，
「どこに何がある」のかという論理的な意味は変わりません。しかし，実
際の言語使用の場においては，話者の意図によって名詞句の順序を入れ替
えると，微妙な意味の違いが出てきます。この意味の違いは発話状況に
よって異なります。その意味では，名詞の順序は助詞が正しければ，どち
らでもいいとは言えなくなります。[7]

　初級では，このような微妙な違いを学ぶ必要はないかもしれませんが，
日本語学習も進み，名詞句の順序を入れ替えた時の文脈での意味の違いが
重要になって来る段階になると，文型文法だけでは，文型の数が増えるだ
けで，言語運用の学習に役立つとは言えません。理由は，簡単です。第1
章で，言語は改新的であるということ，及び，話し手の意図を伝える文章
の種類は無限に存在するという2点を取り上げました。これらのすべて
の可能性を文型にすることはまず不可能です。それにこれらすべてを文型
にできたとしても，その数は，人間の脳では処理できないほどの量にな
り，それぞれを繋いで学習に役立たせることも不可能になり，学習の弊害
になってしまいます。

　「文型文法」に関する疑問は多々ありますが，初級から導入されている
使用頻度の高い文型を一つ取り上げて，その限界を考察します。ここでは
例として，動詞の「て形＋いる」の文型を使います。この文型は，まず，
英語の進行形に似た意味で使用されることが多いのですが，述部に使用さ

---

[7] 大津由紀雄・今西典子（2004）を参照してください。

れる動詞の種類によって意味が大きく変わってきます。文型文法では，この意味の違いをどのように取り扱うのかが大きな疑問となります。

　次の例文はすべて動詞の「て形＋いる」で終わっています。各例の意味は，英訳が補われていますが，その意図は，この文型が必ず英語の進行形の意味と重なるわけではないということを示すためです。

　（11）の例文に使用されている動詞「行く」は，ある時点から目的地まで動くことを表す動詞です。下の文の意味は，話者の父親は目的地である学校にはすでに到着していて，今，その学校にいることを意味します。

　（11）　父は，今，学校に行っている。
　　　　"Father is at school now."

　次の例文では，話者の父親が服を着るという動作自体は完了していて，その服を身にまとっていることを示している文です。

　（12）　父は，今，和服を着ている。
　　　　"Father has his Japanese outfit on now."

　次の文の動作の「飲む」は，上の二つの例文に使用された動詞とは違って，一度で完了するものではなく，「飲む」という動作はもう始まっていますが，完了しているのではなく，同じ動作を繰り返している状況が続いていることを表しています。

　（13）　父は，今，友達とお茶を飲んでいる。
　　　　"Father is drinking tea with his friend now."

　上の三つの文はいずれも「動詞のて形」と「いる」を合わせたものですが，動詞によって，いろいろと違った意味が含まれていることを示しました。しかし，それだけではなく，次の三つの文は，上の例文と全く同じ動詞が使用されていても，それぞれ文の意味は，過去の記録を示すもので，上の三つの文章とはかなり意味が違っているものばかりです。

(14) 父は，6 年前，中国に行っている。

"It's recorded that Father was in China 6 years ago."

(15) 父は，5 年前の私の結婚式に，この和服を着ている。

"Father had this Japanese outfit at my wedding five years ago."

(16) 父は，3 年前，この店で友人と飲んでいる。

"It's known that Father had a drink with his friend at this store three years ago."

このような例はどの文型にも言えることで，要するに，一つの文型における多義性をどうするか，発話の場の学習をどうするかというふうに疑問は膨らんでいきます。日本語学習者が文型の限界にぶつかる頻度は学習すればするほど増えてきます。

文型は確かに，初級の学生たちには，分かりやすいだろうと思います。与えられた型に言葉を入れていけば，意味のある文章になるのですから。しかし，このような学習方法に慣れてしまうことへの逆効果を防ぐことも大切ですので，文型を使う時は，教師は十分に注意をする必要があります。気づいていたら，誤用が化石化してしまっていたということにもなりかねません。

学習者の日本語学習の目標によっては，文型が全く役に立たないというわけではありません。日本語教育学会（編）（2005: 95）に書かれている基本文型の説明を引用します。

> 基本文型とは文型の基本的なものをいう。基礎文型，基幹文型などともいう。何を基本文型とするかについては，使用頻度が高いこと，習得しやすいこと，述語と必須要素の基礎的な語順を示すこと，派生や拡張のもととなること，日常生活の有用な場面で広く用いられること，などが挙げられる。基本文型への関心は，主として外国人に対する日本語教育や国語教育といった実用的な要請によるものである。

　日本語教育学会では，文型を「基本文型」「構造文型」「表現文型」と分類していますが，いずれにしろ，文型だけでは，本書で述べている言語の特質を処理することは無理であり，誤用の原因になることには違いありません。しかし，型にはめやすい表現がないわけではありません。例えば，過去の経験は，動詞の完了形と「ことがある」を使用することで表現できます。例えば，「一度だけ日本に行ったことがあります」だとか「日本語で新聞記事を書いたことがある」のような過去の経験を述べる表現です。大事なことはこのような型ででき上がった文章にただ一つの英訳を与えないことです。それよりも，この型でできた文章は，経験を示す文章であり，動作が終わったことを示すのではないというふうに間違いやすい概念と比較しながら指導するのが，初級段階でも，学生には分かりやすい学習方法だと思います。

　次の誤用の例は，電話をかけた時の会話で，(17) では，電話をした人は，洋子さんという人に話したいという意図を伝えます。電話を受けた人は実は，洋子さん自身ですが，普通，(18) のように，自分が洋子だということを知らせるでしょう。英語では，本人である場合，一つの可能性として，"Speaking" と言ったりします。その直訳をしてしまうと (19) のように不自然な表現になってしまいます。「話しています」自体は，文脈を考慮しない場合は，間違いではありません。しかし，この発話の場では，日本では全く使用しない間違った返答のし方になります。これらを考えると，文型文法は，文構造は正しくても，伝達には成功しない発話を産出してしまう可能性を生み出してしまいます。

　適切な応答の例：

(17)　もし，もし，すみませんが，洋子さん，いますか。

(18)　あっ，洋子ですけど …。幸子さん？

　不適切な応答の例：

(17)　もし，もし，すみませんが，洋子さん，いますか。

58

(19) ＊話しています。

　森田（1989: 160）に「文型に関する誤用の問題」という章がありますが，
文型選択に関して，次のように述べています。

> 　外国人がしばしば犯す過ちの一つに，文型選択の誤用がある。その
> 表現目的に合った文型選びが正しく行われていないのである。別の
> 見地から言えば，それぞれの文型がどのような表現意図を持ったも
> のかが十分に理解していないままに，本人はそれと気づかず不用意
> に用いるために起こる，発話と表現意図とのずれである。

　日本語の文型を使用して指導する場合，ある文型を与え，それに相当す
る英語訳を付け加え，時には例文を伴うのが常のようですが，細かい発話
の状況条件や決まりが述べられることは極めて少ないようです。学習者は
文型の英訳に頼って，文産出をするために誤用をしてしまいますが，誤用
の多くがこの種類です。

2.2.9.2.　日本語教育学会の定義

　日本語教育学会による文法定義の一部は，第1章で引用しましたが，
ここでは，日本語教育学会（編）（2005: 61）の引用文をもう少し詳しく
考察していきます。

> 　言葉を交わすときに，話し手と聞き手のあいだで共通の規則が共有
> されていなければ言葉は通じないし，規則に外れた表現をすれば了
> 解不能となる。文法とは，言葉にかかわるこうした規則のうち，文
> をつくるための規則の総体を指す。言い換えるならば，語と語の結
> びつきや文の形式・構造にかかわる規則群が文法であり，それに従
> えば正しい表現ができ，十全な理解が成り立つことになる。しか
> し，母語の場合，通例それらはあまり意識されることがない。文法
> 研究の目的は，こうした規則を一つ一つ明らかにし，さらにそれら

がどのようにかかわり合っているかを探ることである。

　この定義を少し砕いて考えてみます。この引用文の始めの「話し手と聞き手の間の発話の伝達は，共通の決まりに従わなければ成り立たない」という部分に関しては，本書の第1章に引用と共にその内容についても述べています。次に，文法は，「言葉にかかわるこうした規則のうち，文をつくるための規則の総体を指す」と書いてあり，さらに，「それに従えば，正しい表現ができ，十全な理解が成り立つことになる」と，付け加えられています。この短い文には，多くの大切な情報が含まれています。

　規則の総体に「従えば，正しい表現ができ，十全な理解が成り立つ」というのは，母語話者同士が無意識に，そして，瞬間的に行っていることです。この瞬間に行われる行為には，おびただしい数の要素が含まれています。その要素とは，話し手と聞き手の対人関係，発話が行われる状況，発話の内容に適切な語彙選択，発音，語順，文体，発話の抑揚，発話に伴う言語外の要素（目，体，手などの使用）などです。これだけの要素が含まれた発話が一瞬にして行われます。そして，聞き手も一瞬にして伝達内容（誤解の余地があったとしても）を理解します。言語伝達のための発話は，このような瞬間行為の集まりです。そして，一つ一つの要素に決まり（規則）が詰まっています。それだけではなく，第1章で述べたように，伝達内容が同じであっても，その表現のし方が無限にあるわけですから，その総体は想像できないほどの膨大なものです。これが言語の本質です。

　これらを大人の外国語学習者は，学んでいくことになりますが，人間が一度に消化できる情報はそれほど多くありません。幼児であれば，指導なしで自然に習得できるこの情報を，大人の学習者は一歩一歩，指導を受けなければ，学習できません。もちろん，例外の学習者はいるでしょう。しかし，その例外の数はわずかです。何年も外国語としての日本語を大学で指導していると，どの段階においても，いかにこの学習が困難なものであるかが分かります。

　「文をつくるための規則の総体」と簡単な言葉で表現されていますが，この簡単な言葉にはどれだけ複雑な要素が含まれているのかを具体的に把握することは容易ではありません。非常に短い，簡単な一つの文であったとしても，その総体が見えるというのはどのようなものなのか，具体例を使って，みてみたいと思います。

(20)　そこは東京です。
(21)　そこが東京です。

　上の二つの文は，非常に基本的な，簡単な文です。二つの文の違いは，助詞の「は」と「が」のみです。もちろん，話者によって，抑揚や発音や速度などに違いは必ずでてきますが，文の要素だけを考えると，違いはこの二つの助詞のみです。(20)の文，「そこは東京です」は，発話状況を考慮しない場合は，どこからみても間違いのない文です。しかし，発話状況が次の場合を想像してみてください。日本語教師が日本の都市について，ある地図を見ながら，学習者に質問しているとします。その地図には，日本の都市のいくつかが記されていて，教師がある学生に，その記された都市の中で，どの都市が東京かという質問をするのに，教師が，「どこが東京ですか」という文を使って質問したとします。この場合，その返答として(20)の「そこは東京です」といって地図のある場所を指さした場合，母語話者は，何かすわりの悪い文であると感じるはずです。しかし，(21)の「そこが東京です」と「そこ」の後に「が」を使用すると，自然な返答に聞こえます。

　今度は違った発話状況を想定してみます。ここでも，日本語の教室で地図を見ながら，教師がいくつかの都市の名前と場所を教えた後，確認として，地図の東京のところを指さし，この都市の名前が言えるかどうかの確認をするために，「ここはどこですか」と質問したとします。もちろん，日本語では，会話に省略が多く使用されます。質問に対して返答する時には，重複部分は省略する傾向にありますから，「東京です」と答えるかも

しれません。しかし，省略されている部分は，「そこは」ですから，「そこは東京です」と返答しても，それは，自然な返答であると言えます。この返答に「そこが東京です」と「は」の代わりに「が」を使った場合は，質問と返答がちぐはぐになってしまい，自然な返答であるとは言えなくなります。

　このように，たとえそれが（20）と（21）で示されているように，助詞の「は」と「が」だけの違いでも，英語の一つの語彙で説明できるような簡単なものではありません。そして，この二つの文章を英訳しただけでは，この違いは，学習者には，伝わりません。「は」と「が」の使用上での違いを知ることによって学習の効果を上げることができます。しかし，「は」と「が」の違いは，奥深く，ここで挙げたものだけではなく，さらにもっと多く存在します。どの文章においても発話状況の理解は重要です。

　このように，日本語の学習者には，発話状況に適した正しい文や文章を産出するために，そして，文章の理解が正しく行われるためには，意図した伝達の成功に導く文法記述が必要です。ここで非常に重要な注意点を述べます。それは，理想的な文法記述が存在し，それを学習者が学んだとしても，それは概念の受け身の学習であり，実際に日本語を使用して伝達を行う，つまり，発話，理解，読解，文章作成の技能を学ぶには，文法記述の理解だけでは足りません。文法の理解は四技能の基盤になるものであり，実際の言語運用は，次に説明するように，各技能の練習を別々に行うことによって技能上達が可能になります。

2.3.　四技能の学習と脳の部位と機能の分化

　一般に大学での外国語指導は，四技能（話す，聞く，読む，書く）の指導を目標とします。「話す，聞く」は言語の音を通して，「読む，書く」は言語の表記を通して学ぶ技能です。そして，「聞く，読む」の技能は，理解の領域の学習であり，「話す，書く」は，産出の領域の学習です。

　「話す，聞く」技能の音を媒介としての学習とは何を指すのか少し考え
てみましょう。音と言っても，いろいろな音の単位があります。つまり，
小さい単位から大きい単位を考えていくと，まず，個々の音があり，その
個々の音の集合で言葉が成り立ち，その言葉を組み合わせて，話者の意図
とした内容を文構造により表現して話すという行為を行います。「話す」
という行為は，思考を音に変えて，産出することです。「聞く」という行
為は，相手が産出した文章を音波を通して発話し，聞き手がその発話を解
釈するということです。「書く，読む」は文字を媒介とした学習で，書き
手の思考を文字表記し，産出するのが「書く」作業であり，他者が書いて
産出したものを文字を通して解釈するのが読解です。

　これらの四技能の学習，つまり，言語の音と文字を媒介とした産出と理
解は，それぞれ脳の違った部分で処理されているという脳科学の研究結果
が出ています。[8] これが言葉の学習や指導にどのような示唆を与えている
のかを考えてみます。

　各四技能の新しい情報の情報処理の過程は違いますが，一つだけ共通し
た部分があります。それは，話者・筆者の意図は，四技能ともすべて，使
用言語に存在するすべての領域の決まりに沿った適切な語彙選択，文構
造，場の適切性により伝達が成り立つという点です。文構造は適切な語彙
と正しい構造によって伝達されるものであって，語彙だけを並べ，文構造
の決まりに従っていなければ，意味もなさないし，伝達も成り立ちませ
ん。その上，文構造が正しくても，その文章が適切な場で使用されなけれ
ば，これも伝達は不可能となります。

　次のページの図は，四技能における文章産出，文章解釈の行われる範囲
を表したものです。[9] 外枠は「特定の文化による発話の場（C）」で，人間
が話す言語の使用は，その言語が使用されている文化によって違った決ま

---

　[8] 例えば，山鳥重（2001）を参照してください。
　[9] 次のページの図は，Tawa（2010）で使用されたものです。

りを持っていることを示しています。伝達は，目的により，「話す（S）」，「聞く（L）」，「読む（R）」，「書く（W）」という違った媒介を使用しますが，伝達の意図は，四技能とも共通した文構造（ST）の決まりを使用します。しかし，この図では，四技能を示す輪が完全に重なっていません。

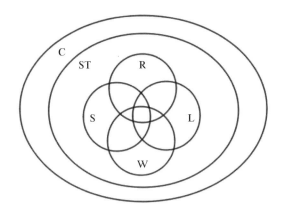

　四技能の輪が重なっていないのは，四技能の伝達はある文化（C）では，同じ文構造（ST）を使用しますが，各技能には，別々の決まりがあるために，完全に重なることはないということを表しています。例えば，「話す」と「書く」の技能は，両方とも産出を必要とし，文構造における語彙の組み合わせなどは技能によらず同じですが，話す時には，省略が多く使用されたり，不完全な文章の使用が起こったりします。しかし，正式なものを書く時には，そのような構造は使用されません。

　このように，各技能によって決まりが違うということは，「読めるから，書ける」，あるいは，「話せるから，読める，また，書ける」といったような技能の転移は必然ではないことを示しています。この事実は，指導や学習の時に，とても大きな役目を果たします。それは，実際にこの四技能を学習，及び，指導する場合は，各技能を別々に学習する必要があるということを示唆しています。ですから，本書で提案する文法記述には文構造の共通の部分と技能別のものが必要となります。

2.4. 日本語学習者のための文法記述の必要性

　本章では，文法という用語はそれぞれの研究目標によって，違った意味で使われていることを指摘しました。したがって，日本語教育の場においても，今までの文法研究の記述をそのまま使うのではなく，その中から日本語学習に役立つ情報を選択し，日本語学習に適切な記述に変更する必要があるということも述べました。次の課題は，このような学習者のための記述を具体化するには，日本語学習者にはどのような情報が役立つものとなるのかを考察することです。

　ここで述べているような学習者のための包括的な文法の参考書は存在していませんし，これからも完全なものは存在しないであろうと思います。その理由は，人類は，言語という奥深い，膨大な知識を所有していますが，それを具体的なものとして客観的に取り上げ，言語を用いて記述することは不可能に近い行為だからです。これに関して，Miller (1986: 48)は，次のような発言をしています。

> Writing such a grammar is, of course, a tremendously complex matter. The phenomenon being described is human language, always an enormously involved entity. Because of this, in one sense or another, 'all grammars leak,' i.e., all attempts at grammatical description are plagued by inconsistencies and less than perfect generalizations. They are all more or less inadequate because the linguist's command of the data is rarely sufficient to permit a total description.
>
> （文法記述は非常に複雑な作業である。これは記述しようとする人類の言語があまりにも膨大なものであるからなのだ。したがって，どのような記述をしても「漏れ」が生じ，一般化が不完全となり，また，例外が生じる。すべてを記述するのが無理な理由は，どの言語学者であっても，すべての発

話の可能性の把握ができないからである）

　全く，その通りです。しかし，どの分野における学問であっても Miller
が述べたように完璧な理解や理論は不可能でしょう。逆から言えば，不明
な点や不完全な理論が存在するから学問というものが存在するのだと思い
ます。完璧な理論などができあがってしまえば，学問として取り上げる必
要性はなくなります。常に言われているように，言語に関しても，過去
2000 年以上前に哲学者のプラトンやアリストテレスが疑問として取り上
げたことは，現在でも学者たちが同じような疑問を持ち，考え続けていま
す。それが学問ということではないでしょうか。

　したがって，どの文法研究の結果も断片的であり，不完全なものです。
しかし，それがどんなに断片的であり，不完全なものであっても，分かっ
ていることを伝えるのが指導なのだと思います。つまり，それらの断片的
な研究結果をどのように使い，また，学習者に分かりやすく記述するか，
また，一貫性を持たせるかということの考察が必要だということです。輸
入文法からであっても，独自のものであっても，文型であっても，言語学
者の研究結果であっても，研究により日本語に関して分かっていることは
多くあります。日本語文法がいかに不完全であっても，日本語指導，日本
語学習者に役立つ日本語文法記述は，可能だと強く信じています。北原博
雄（2014: 1792）は，文法研究の今後の課題を次のように述べています。

　　　今後は，日本語学研究・言語学研究による基礎的・理論的文法研究
　　　と，国語教育学研究者・日本語教育学研究者による実践的・応用的
　　　な文法研究が相互交流することによって，これらの領域の研究が発
　　　展していくとともに，教育現場で実り多い文法教育が行われること
　　　が望まれる。

　北原が上の引用文で述べている「日本語学研究・言語学研究による基礎
的・理論的文法研究と，国語教育学研究者・日本語教育学研究者による実

践的・応用的な文法研究」の相互交流の必要性は，本書の主な論点を後押し
してくれている思考であることに間違いありません。このような総合的な
文法記述作成には非常に時間がかかるであろうということは，容易に想像
できますが，日本語教育を一歩前進させる要素の一つであることは確かで
す。

　この文法記述の作業には，大きな壁が存在していることも無視のできな
い事実です。例えば，言語学の研究には理解しにくいものが多いというの
が一般的な印象です。そのために，言語学者による研究が日本語教育にど
の程度の貢献ができるのかは，今の時点ではまだ解明に至っていません。[10]
しかし，この課題を楽観的に捉えることも可能です。言語学上の研究資料
は多く存在します。これらの資料の中から，日本語学習に役立つと判断で
きるものを，日本語学習者や日本語教師に理解可能な記述に書き換えるこ
とも日本語教育に多くの貢献をすることになります。

　重要な点は，このような文法はだれのために記述するのかということを
意識することです。日本語に関する研究書は多くの場合，日本語で書かれ
ています。ですから，日本語教師がある文法項目について調べる場合は，
多くの資料が存在しています。その中から関連性のあるものを取り出す作
業は，時間がかかったとしても，教師には可能です。[11]　しかし，学生がそ
のような資料を理解できるということはほとんどありません。多くの場合
は，教師の指導か学習に役立つ参考書が必要になります。英語で書かれた
日本語文法の研究は存在していますが，それらは専門的な学術書のためで
あり，学生が読んでも，実際の日本語学習にどれだけ応用できるかは疑問
です。

　第 1 章で引用したラガナ（1988: 204）が非文法性の理由も知りたいと

---

[10]　例えば，ヤコブセン（2014: 3-20）を参照してください。
[11]　日本語教師のために日本語で書かれた文法は，包括的なものではありませんが，存
在しています。例えば，白川（監修）（2001）は中級，上級を教える教師のためのもの，
山下・沢野（2019）は初級を指導のために書かれたものです。

書いているように，学生たちは，彼らが産出した文章や解釈に間違いが生じた場合，なぜ間違いなのか，必ず質問し，答えを求めてきます。その場合，教師が詳しく説明することもできますが，そこでまた誤解が生まれることが多いのも知っています。このような場合，日本語の学習者のための包括的な英語での文法の参考書があれば，非常に役立つであろうということを実感しています。

　ここで簡単に指導の場での実践の例を取り上げてみます。これは，第 3 章で詳しく取り上げますが，コミュニケーション重視の教科書を使用していると会話がまず提示されます。その会話に使用されている数々の文構造や文章の適切性についての説明はない場合もありますし，あっても，かなり最小限にまとめられているのが普通です。そのために，各教師は，学生が理解に苦労するであろうと予想した箇所を書き出しハンドアウトにして学生に配り，授業で講義するといった形をとることがあります。[12] ハンドアウトには普通，例文をいくつか使いますが，その例文の意味は，英訳をつけたり，あるいは，講義をする時に短い説明を加えたりして補います。しかし，これらの方法には，問題がいくつか生じます。まず，学生たちはそれぞれ講義で聞いた内容をノートかタブレットに書き留めます。しかし，その過程で聞き落としや誤解もかなり含まれてきます。学生が欠席した場合には，同級生の書き留めたものを借りることもあるでしょう。しかし，同級生の書いた内容にも不確かなものがあるかもしれません。その日，授業に出席していても，内容把握がすぐにできないことも多くあるでしょう。このような授業では，教師にも，学生にも，多くの無駄を生んでしまいます。

　このような無駄を最小限にするには，本書で提案しているような学習者のための包括的な文法記述の参考書が存在していれば，教師と学生とが同

---

[12] 英語では「ハンドアウト」と言いますが，日本ではフランス語からの外来語で「レジュメ」（résumé）という表現の方が多く使われているようです。

じものを参考にでき，それを基に話し合うことも可能になります。また，そのような参考書は，学生が学習に遅れを取った時，欠席をした時なども，多くの無駄が省けるのではないかと思います。また，ある概念の理解が困難な場合も，その部分は何度も違った角度から見直すこともできます。教師も授業内での講義の時間を学生の練習のために使用できるという可能性も出てきます。この実践においては，第5章で詳しく述べます。

2.5. 日本語学習者のための文法の範疇

　本書では，外国語指導・学習において議論する場合に頻繁に使われている用語である「言語」「コミュニケーション」「文法」とは，次のように取り扱っています。人類は，伝達（コミュニケーション）のために言語を使用します。そして，この伝達を成功させるものが文法です。この文法が存在しなければ，人間の必要とする複雑な伝達は不可能となります。

　外国語としての日本語学習者の目標は，日本語を使用して発話状況に適した発話をし（文章を書くことも含まれています），また，相手の日本語での発話を理解する（読解も含まれています）ことができるようになることです。では，何がその産出・理解を可能にするのかというと，それは文法です。話し手（文章を書く人）も聞き手（文章を読む人）も，文法を学ばない限り，伝達学習には成功しません。

　本章では，文法という言葉の多義性を検討しました。文法という言葉は研究目標によって，文法の範疇やその記述が異なるということが分かりました。したがって，日本語学習のための文法も日本語学習に役立つ文法でなければいけないし，その記述も学習者に意味のあるものでなければいけません。つまり，日本語を使用する者の間で共有された文法の範疇とは，発話状況に適した発話の産出や理解に使用される文章のすべてにおける決まりです。言い換えれば，文法とは「文にまつわるすべての法」です。これは言うまでもなく膨大なものであり，すべての文法記述を完成すること

は不可能ですが，今まで研究されてきたものの中から関連のある文法を学
習者のために分かりやすく記述することは可能です。

2.6.　次の章への繋ぎ

　本書の最終目標は，日本語の四技能の学習の基になる学習者のための文
法記述を提案することです。この包括的な文法記述が理解のできないよう
なものであれば，意味がありません。ですから，日本語学習者のための文
法記述は，どのような形であれば，学習者に理解しやすいものになるの
か，そして，日本語学習に効果的であるのかという考察が必要になりま
す。次の第 3 章では，具体的な文法記述を提案する前作業として，大人
の学生が学ぶというのはどのような過程を通るのかを詳しく調べます。

第3章　学習科学の研究から日本語文法記述への応用の考察

3.1.　はじめに

　第2章では，外国語としての日本語学習者のための文法とは，話し手（書き手）と聞き手（読み手）が共有する使用言語におけるすべての共通の決まりであると定義しました。この文法が言語を媒介とした伝達を可能にするものであるからです。したがって，外国語として日本語を学習する場合，この文法が日本語の四技能（話す，書く，聞く，読む）の学習の基盤となるようなものであり，そのような日本語文法記述は，学習者のために書かれるべきであることが望ましいということも述べました。

　現在においては，このような学習者のための包括的な日本語文法記述は存在していません。ここでいう包括的な日本語文法記述とは，日本語の文にまつわるすべての決まりについてです。つまり，学習者に必要な情報である，四技能それぞれの特殊な決まりなど，日本語学習者にとって役立つ記述すべてのことを意味します。このような包括的な日本語文法記述は，完全なものは不可能ですが，すでに研究済みの日本語文法の情報は多く存在します。このような情報の内容は，一つの分野からだけではなく，違った様々な分野の研究結果からのものが望ましいでしょう。例えば，ある研究者は，ある限られた助詞の使用に焦点をおいて研究しているかもしれま

せん。また，他の研究者は，日本語の会話のやり取りの省略の研究を課題にしているかもしれません。あるいは，対人関係を考慮した表現の違いなどの研究資料なども役立ちます。

　また，このような日本語文法記述は，学習者に理解しやすいものであり，また，役立つような提示のし方でなければいけません。この目標のためには，学びという人間の行動について知ることがその記述の実現への大きな鍵となります。それはなぜかと言うと，指導は，学習者がどのように学習するのかを理解した上で，初めて無駄のない具体的な指導の実践となりえるからです。

　本章の主旨は，まず，学習科学の研究から外国語指導に応用可能なものをいくつか取り上げ，本書の提案する文法記述への可能性を考察していきます。学習と指導の相互関係については，Ambrose, Bridges, DiPietro, Lovett, and Norman (2010: 1) が，"[A]ny conversation about effective teaching must begin with a consideration of how students learn"（効果的な指導の考察は学生がどのように学ぶのかを理解した上でするべきである）と非常に重要な点を指摘しています。

　学習者が与えられた新しい情報をどのように処理して学びに繋げているのかという情報は，ここで言う文法記述の形や与え方を判断するのに不可欠なものとなります。人は，学びという行動を意識的にも無意識的にも日々行っています。学習というと普通は学校と強く結びつけて考えられていますが，人は，学校だけに限らず，日常生活で多くのことを常に学んで生活を営んでいます。

　学習過程の研究方法については，三宅 (2004: 17) が「認知科学の成果をもとに学習プロセスを促進する仮説を立て，実践によって理論の正しさや具体的促進方法の有効性を実証しようとする」と説明しています。また，認知科学における研究から，学習科学への応用は，米国の Bransford, Brown, and Cooking (1999) の研究を発端に行われてきているようです。上の三宅の引用文には，「認知科学の成果をもとに」という説明がありま

すが，認知科学とは，辻（2003: 7-8）によると，「1970年代にほぼ確立
した学際領域で，ヒト，動物，人工知能などの「知」，すなわち認知活動
を研究する科学である」し，また，哲学，心理学，言語学，計算機科学，
教育学，脳神経科学，人類学，動物行動学などの分野に関連していると説
明されています。

　認知科学も学習科学も，特に外国語学習のために研究されているわけで
はありませんが，一般に学びはどのような過程を通り，何を学んでいくの
かということを知るために非常に重要な分野であることは，言うまでもあ
りません。Riley（2017: 72）は，教師の資格の一部として，認知科学の
各分野に関連のある研究の知識を得ることを義務付ける必要があるのでは
ないかと次のように述べています。

> Cognitive science should be part of the knowledge base that
> teachers receive in their professional training, as should high-
> quality research in areas like how students learn to read.
> （認知科学は教師の資格準備の一部にするべきである。具体的には，生徒が
> どのように読みを学んでいくのかというような高度な研究などである）

　認知科学，及び，学習科学の研究を調べてみると，外国語指導に応用可
能な要素が非常に多くあることに気づきます。本章では，その中のいくつ
かを取り上げながら，日本語文法記述への応用の可能性を考察していきま
す。

3.2.　全体と部分の相互関係：日常生活からの例

　学習するということは，与えられた新しい情報の処理の整理のし方と深
く関係しています。ここで，まず，人間が日常生活を営むのに新しい情報
をどのように整理しているのかを見ていきます。

　　人間はつながりを見つけること――つまり個々の要素がどのように
　　全体を織りなしているのかを発見するのが好きだ。音楽でも，詩で
　　も，科学でも，繰り返し味わううちに最初はわからなかった関係性
　　を発見すると，心を打たれる。[1]

　上の文章は，筆者が現在教えている大学を1996年に卒業した学生が
2015年に出版した本から引用したものです。この卒業生は現在，国際線
の飛行機のパイロットとして活躍していますが，この本は，この学生がパ
イロットとして世界中の空の旅で経験したこと，見たものを元に実に巧
に，また，詩的に飛行，空，海，地球，地形，及び，都市などについてい
ろいろな角度から哲学的でもあり，技術的でもある思考を英語で書いたも
のです。[2] その後，日本語訳が，2016年に単行本として，さらに2018年
に文庫本として出版されました。この引用文の内容は，本書で取り上げて
いる外国語としての日本語指導と学習とは，ほど遠い世界のように思える
かもしれませんが，実は，大きく関連しているのです。人間は，新しく見
たもの，読んだもの，聞いたものなどを自分の経験したことや自分がすで
に知っていることに繋げようとする脳を持っています。筆者が上の文章を
読んで，その表現に強く惹かれたのも，今，筆者自身が興味を持っている
こととこの文章の内容に関係性を見いだし，脳が繋ぎを作っていったから
なのでしょう。
　上の引用文に「全体を織りなしている」という表現がありますが，人間
は，見たり，聞いたり，読んだりして得た個々の情報とそれらが織りなし
ている全体を行ったり来たりしながら情報処理をしています。全体と部分
の相互関係というものは，いろいろな角度から考えることができます。松
田（2014）は，この全体，部分の相互関係の起源は，哲学では，アリスト
テレス以前に遡ると説明しています。服部・小島・北神（2015: 5）がそ

---

[1] ヴァンホーナッカー（2018: 27）からの引用文です。
[2] 英文のものは，Vanhoenacker（2015）を参照してください。

の相互関係について，「私たちが見慣れない対象（もの）を見てそれを理
解するという過程には，部分の理解の過程と全体の理解の過程があり，
（特に対象が複雑な場合には）その両方が必要である」と述べています。
次に私たちの日常生活にもこの部分と全体の相互関係が自然に運用されて
いる例をいくつか見ていきます。

　建築を例にとると，どの建築であっても，建物を建てる前に設計図が作
成されます。この設計図の役割は，その建物が崩れてしまわないように
しっかりとした構造にするためですから，これから建築をする建物には，
この全体像はなくてはならないものです。設計図の存在なしに，一部だけ
をどんなに時間をかけて建てても，頑丈で機能的な建物に築き上げること
は不可能でしょう。実際の建築の作業の過程は，建物の一部ずつ建てて全
体を築きますが，その一部の建築が可能であるのは，全体像である設計が
あるからこそ，この作業に意味が出てくるのです。

　筆者は画家ではありませんので，確かではありませんが，肖像画を描く
時も同じであろうと想像します。画家は，だれをどのような形で描くのか
の全体像を決定した後で，その肖像画の一部分を一つずつ完成させていく
のか，あるいは，他の部分に移り，また，以前のところに戻り，バランス
などを考慮しながら，全体を完成させていくのかもしれません。まず，顔
の輪郭を簡単に描き，顔の上下，左右のバランスなどを保つために線を引
き，少しずつ詳細を描くという作業を観察したことがあります。最終的に
どのような肖像画になるかが分からないまま，例えば，片目から描き始め
るという部分的な作業は，意味のない作業となってしまうのではないで
しょうか。

　今度はある楽器の演奏者の練習についての例です。ある曲を練習する場
合，目標とする曲の全体を把握した後に，部分的に磨きをかけて練習する
のが普通ではないでしょうか。音楽の勉強に「鈴木メソッド」という学び
方を聞いたことがあると思います。この方法は，まさに全体を学び，部分

76

と全体の相互関係により学んでいくという学習の熟達方法です。[3]

　演劇も物語の始めから終わりまでの筋，そして，登場人物に関しての必要な情報を把握した後，台詞の練習にとりかかり，演技全体に繋げるのだと思います。台詞の一語一語も，どのような発話，どのような感情を含めるのかを理解するのも物語の全体像がなければ，部分的な練習すら不可能となるに違いありません。

　上に挙げた例では，全体像は抽象概念的であり，部分は具体的な要素が強いという共通性があります。このように抽象的概念が具体的なものに実体化されることを英語では，instantiation と言います。[4] この実体化はすべての学習に存在するのではないかと思います。実体化は，塗り絵のようなものです。色を加える前には，ある絵の枠が与えられています。その枠の絵に色を加えていき，その絵の枠を実体に近いものにしていくのと似ています。

　言語習得について考えても，この全体と部分の相互関係は簡単に観察することができます。母語習得であっても，幼児は初めから完全な文章で伝達内容を伝えられるわけではなく，初めは一語のみを使用しますが，その一語が多くの機能を果たしています。例えば，その一語の発話により，あることについて述べたり，ほしいものであることを伝えたり，また，ほかの感情を示したりします。ここでは，幼児の使用する一語は部分ですが，その機能（述べる，ほしいと伝える，感情を表す）は，もっと大きな全体です。時間と共にそれが二語になり，また，句になり，文章になっていき，抽象的な全体である言語を具体的な表現に変えていくのが母語習得です。

　ここで一つ付け加えることがあります。それは，全体と部分の相互関係において，何が部分で何が全体であるかということは，絶対的なものでは

---

[3] 鈴木メソッドに関しては，Kyoko Selden 訳 (1996) を参照してください。
[4] Instantiation に関しては，例えば，Garbacz (2015) を参照してください。

ないということです。同じものでも，部分になったり全体になったり，時
と場合によって異なります。例えば，りんごがどのような部分でできてい
るのかを考える場合は，りんごの種は，りんごの一部分で，りんごが全体
になります。しかし，角度を変えて，今度は，果物を課題にした場合は，
りんごは果物の一部分になります。日本語において言えば，平仮名のしく
みは，50 音図が全体になり，平仮名の一つずつが部分になりますが，日
本の文字表記という概念から見ると，かなの 50 音は，一部分になり，日
本語の表記（かな，漢字，ローマ字，アラビア数字）が，全体となります。
このように，部分も全体も，常に変化するものです。

　ここまでの例は，一般生活の上での例ですが，次に，認知科学の分野で
は，この全体と部分の相互関係がどのように学びに関連しているのか，ま
た，どのように外国語学習に応用できるのかを考察します。

3.3.　全体と部分の相互関係：外国語学習への応用

　学校教育の場において，まず，学びとは何であるかというと，次の
Ambrose, Bridges, DiPietro, Lovett, and Norman (2010: 3) にあるよう
に，新しい情報と共に常に変化するものであると定義されています。

> [W]e define learning as a *process* that leads to *change*, which oc-
> curs as a result of *experience* and increases the potential for im-
> proved performance and future learning.
> （学びとは変化を伴う過程のことである。この変化は経験の結果として起こ
> るものであり，また，学びの改善の可能性とこれからの学びを拡大させる
> ものである）

　この変化とは，新しい情報が与えられると，以前から知っていることと
の関係性を発見したり，繋げたりして，この新しい情報の整理をしていく
ことを指しています。この過程については，Ambrose, Bridges, DiPietro,

Lovett, and Norman（2010: 15）が次のように説明しています。

> When students can connect what they are learning to accurate
> and relevant prior knowledge, they learn and retain more. In es-
> sence, new knowledge "sticks" better when it has prior knowl-
> edge to stick to.
> （学生たちが今，学ぼうとしていることを正確な既習事項の知識と繋げられ
> れば，学びが起こり，また，その学びを維持することができる。要するに，
> 新しい情報には，繋ぐことが可能な既習事項が存在していれば，よりよい
> 学びができる）

それに加え，Brown, Roediger, and McDaniel（2014: 6）は，新しい情
報は全体に照らし合わせると学習効果が上がるとも言っています。

> Putting new knowledge into a *larger context* helps learning ....
> People who learn to extract the key ideas from new material and
> organize them into a mental model and connect that model to pri-
> or knowledge show an advantage in learning complex mastery.
> （新しい情報はさらに大きな枠に入れると学びに役立つ。新しい情報から中
> 心概念を取り出し，それを既習のものと繋げることにより複雑な熟達が可
> 能となる）

人間は，新しい情報を整理する過程において，全体と部分の相互関係が
働き，それによって新しい情報処理をしていきます。服部・小島・北神
（2015: 53）は，全体と部分の相互関係による情報処理を次のような例を
使って，説明しています。

> 私たちの知覚は，このように対象とその周囲との関係を知覚するこ
> とで成り立っているが，私たちはその視点や焦点を変えることもで
> きる。たとえば私たちが山を見るとき，何百本，何千本とある木々

をまとめて森や山として見ている一方で，そこに生えている一本
一本の木の種類，その葉や花や木肌の色や形などに注意することも
ある。

　服部・小島・北神（2015）によると，全体を捉えようとする処理を大域
的処理（global processing）と言い，その中の部分を捉えようとする処理
を局所的処理（local processing）と言うと説明があります。普通，全体を
見てから部分を見るという傾向が強いとのことです。

　例えば，日本語学習者が日本語の名詞の修飾のし方は英語とは違うとい
うことを学ぶとします。その場合，日本語では，修飾する部分が一つの単
語であっても，どんなに長い節であっても，修飾する名詞の前に位置する
という一般的な概念（全体）をまず指導します。その時に次のような（1）
から（5）の具体例（部分）により，その一般概念を確認することができま
す。このような全体像を学ばない場合は，（4）と（5）のような構造の理
解に苦労することがあります。苦労をする理由は，（4）と（5）のように
節が名詞を修飾する場合，英語では修飾する節は名詞の後に位置されるか
らです。

（1）　昨日，日本語の本を読んだ。
（2）　昨日，大切な本を読んだ。
（3）　昨日，おもしろい本を読んだ。
（4）　昨日，ベスト・セラーとなった本を読んだ。
（5）　昨日，母に頼んで買ってきてもらった本を読んだ。

　上の例文では，名詞が他の名詞を修飾する場合（1），形容名詞が名詞を
修飾する場合（2），形容詞が名詞を修飾する場合（3），節が名詞を修飾す
る場合（4），（5）というふうに，修飾する言葉や節が修飾する名詞の前に
位置していることが示されています。

　このような全体と部分の相互関係の理解が文構造への理解に繋がる場合

80

は，多く存在します。効果的な学習のできる学習者は常に，このように全体と部分を照らし合わせることを繰り返しながら学習を定着させていきます。しかし，学習者によっては，この過程がすぐにできる学生とそうではない学生がいるようです。この点に関しては，本章のもう少し後の部分で説明をします。

　次に外国語学習に応用可能な学習における全体とはどのような概念があるのかをみていきます。各概念において，その理解に誤解が起こった場合の例も挙げていきます。

3.4.　スクリプト，スキーマ，文脈

　話者が聞き手にあることを伝える場合，話者の発話の文章にすべての情報を含めることは不可能です。聞き手は，すべての情報が含まれていなくても，かなりの量の情報理解を成し遂げることができます。例えば，話者が友人に，「今日，学食で肉は食べなかったよ」と言ったとします。この発話をした人は，聞き手がこの発話の内容が理解できるという判断の上でこの発話をしているはずです。その発話に含まれている情報には，かなり広い範囲の情報とそれらの詳細が含まれています。例えば，この発話にある学食というのは，どこにあるのか，どんなところなのか，学食にはどんな食べ物があるのか，話者の言っている肉とはどんなものなのか，多くのことを聞き手がすでに知っているという理解のもとで発話しています。

　服部・小島・北神（2015: 116）によると，ある事柄に関しての全体像の知識を「スキーマ」と言い，行為に関する知識を「スクリプト」というようです。スキーマとは，「知識の総体であり，私たちの認知的な枠組みを形成する役割を担う」と定義されています。ですから，上の例では，学校での食堂のスキーマが働き，話者の言っている食堂に関する情報が理解されるわけです。スクリプトとは，「特定のできごとの中の一連の行為に関する知識」と定義されています。これは，話者が今日は肉を食べないと

いうのはその行為が話し手にも聞き手にもどのような内容を意味しているのかが理解できることを前提にした発話であるということです。

　上の例で分かるように，言語を使用して話し手と聞き手の間に伝達が成り立つというのは，スクリプトとスキーマが大きな役割を果たしています。このような全体像の知識がなければ，人間の産出する文章だけでは伝達に成功しません。これから分かることは，人間の間の伝達には，常にスクリプトやスキーマが全力で活躍しているということです。

　外国語学習の場合でも，ある文章を理解するのに，その文章の前後に使用されている文章から状況把握をしその文章の理解に繋げていくのが普通です。しかし，文章が単独に使用され，その前後に他の文章がない場合，解釈しにくいことがあります。文脈がある文章の理解を可能にすることを，「文脈効果」と言います。[5] この文脈効果も上に述べたスクリプトとスキーマと同じようにある文章の理解に重要な役目を果たします。

　読書をしている時の目の動きについて，次のような報告があります。読むという行動では，目は常に文章の進行方向と同じ方向に動いているわけではないようです。ある文章を読んで，その内容の解釈をするには，前に読んだ文章と今読んだ文章を照らし合わせながら解釈することが多いということです。つまり，読書時の目は，前の文章に戻ったり，前後に複雑な動きをしたりしながら，読解という行動を行っているということです。[6]

3.4.1.　スクリプト，スキーマ，文脈の認識不足による誤用

　上では，談話や文章の解釈でのスキーマ，スクリプト，文脈の機能について述べました。ここでは，日本語学習の場合，このような大枠が与える情報がうまく起動していない時には，どのような誤用や誤解が生まれるのかを見ていきます。

---

[5] 服部・小島・北神 (2015: 51) の説明によります。
[6] Kuperman, Matsuki, and Van Dyke (2018) を参照してください。

　日本の家には玄関というものがあります。お客さまがある人の家を訪ね
たとします。その場合，まず，玄関で挨拶をかわし，その後，その家の人
が「どうぞお上がりください」と訪ねてきた人に言います。この表現を日
本の家のスキーマがないまま，「どうぞお上がりください」という表現を
"Please come in." といった英訳だけで学んだとします。ある時，この学
生がある店でアルバイトをしていて，店の前にいるお客さまに「お入りく
ださい」の代わりに「お上がりください」と使用した場合は，スキーマの
認識不足が理由でこのような誤用を起こしてしまったということになりま
す。

　日本語学習者が日本で日本語学習に必死になっている時に，学習者の日
本語に関して褒められることがよくあります。よくある表現に，「〜さん
は，日本語が本当に上手になりましたねえ」というのがありますが，話者
にとっては，誉め言葉です。しかし，このような行為のスクリプトを知ら
なかったために，以前は日本語が下手だったという意味なのかと気を悪く
した学生を見たことがあります。このような場合は，日本での行為のスク
リプトの認識不足から起こる誤解です。日本語学習者は，日本人の誉め言
葉に対して誤解をする場合が多いです。このような誤解は文化色が強いで
すが，これも行為のスクリプトの認識不足からくる誤解です。

　「結構」という日本語の語彙には，反対の意味が含まれています。「結構
なお茶ですね」というと，「おいしい」というふうにいい意味に使用され
ますが，あるものをすすめられた時の返答に使用する表現で「結構です」
という断り方があります。これは，「今は必要ありません」という断りの
表現になります。この場合は，文脈がとても大事になりますので，その認
知がなければ，理解に困難を示す学習者が出てきます。

3.5.　記憶とチャンキング

　学習一般に記憶力が重要であることは誰も否定のできない事実です。日

本語学習では，語彙，表現，平仮名，片仮名，漢字の読み書きを学ぶのに記憶をしなければいけない項目が多いです。特に漢字圏以外の学生には，漢字学習は日本語学習で苦労する一つの大きな要因となっています。

　学習の上での記憶は，関連性のない断片的な概念を別々に覚えていく学び方と，新しい概念を既習事項に関連させながら学ぶ学び方では，学びの効果が随分違ってきます。記憶をしなければいけない学習項目は，項目同士を関連づけて記憶する学習法が，とても効果的です。項目を繋げることを認識科学では，「チャンキング」と呼んでいます。

　人間が一度に記憶できる項目の数には限界があり，関連のない「7 項目 ±2 項目」ぐらいだと言われています。[7] 例えば，電話番号の，542-1964 という番号を聞き，そこに電話をかけなければいけないとします。初めてこの 7 つの番号を聞いた人がこの番号を覚えるには，書き留めるものがなければ，電話をかけるまで忘れないように何度も繰り返して，一時的に記憶しておきます。しかし，このような一時的な記憶は，電話をかけた後は，すぐに失われてしまいます。これを短期記憶と言います。しかし，関連のない 7 項目をすでに知っている知識と繋げることができれば，記憶は簡単にでき，また，記憶したものが後に残ります。例えば，この電話番号に関してですが，実は，筆者の大学の電話番号の内線は，すべて 542 で始まります。ですから，この番号を覚えなければいけない人が大学内の者であれば，始めの 3 項目は覚える必要がなくなります。その後の四つの 1964 だけ覚えればいいことになりますから，覚える項目は 4 項目のみとなります。そして，この 4 つの番号も，東京オリンピックのあった年をもう知っていれば，東京オリンピックの開催された年が 1964 年ですので，「東京オリンピック」と覚えておけば，その四桁はすぐに覚えてしまいます。ですから，この電話番号の情報は 7 つから二つに減ってしまいます。このように覚える項目の数を何かに関連付けて減らすチャンキング

により記憶の量を増やせるというのは，学習にも大いに役立ちます。

　学生に語彙などを覚えさせる時には，できるだけ関連のある語彙をチャンキングして覚えさせると，記憶の重荷が減少します。反対に，関連のない断片的なものを覚えさせると，労力の無駄が生じ，記憶にも役立ちません。[8] 例えば，「朝」「昼」「晩」「ご飯」という新しい4項目の単語を導入した場合，この4項目は新しいですが，その組み合わせである「朝ご飯」「昼ご飯」「晩ご飯」は，新しい3項目ではなくなります。これもチャンキング利用の一例です。

　前に使用した名詞を修飾する語や節の位置ですが，全体の理解ができていれば，その理解は一つだけになります。このチャンキングの結果，そこから派生できる文章の産出，及び，文章の解釈の重荷が減少できるというわけです。

3.5.1. チャンキングをしない記憶への負担

　記憶への負担が大きくなるということは，関連事項を繋いでチャンキングを利用しない多くの数の項目を記憶しなければいけない時に起こります。チャンキングをしないことから，記憶に負担が起こり，その結果，多くの誤用や間違いを生じてしまいます。例えば，日本語の述部は，いろいろな形に活用します。この活用の規則を学ばないで，記憶だけで活用形を覚えようとすると，それは膨大な数の述部の活用形となり，結果として，間違いの多い学習になります。活用の規則を学ぶということは，上手にチャンキングを使い，記憶の負担を大きく減らし，効果的な学びへと繋げていくということです。

　記憶の負担に関するもう一つの例を漢字学習を使って説明します。英語圏の学生には漢字学習は非常に負担が大きいということは言うまでもありません。漢字学習も，文脈や体系の認識なしで一つ一つ覚えようとする

---

[8] この情報は，辻 (2001: 391) によります。

と，記憶に大きな負担を加えますし，記憶に残らない場合が多くなります。現在，2千以上の常用漢字がありますが，それらすべてを個々違うものとして扱うのではなく，部首などの使用で負担を減らすことができます。例えば，「桜，植，松，杉」のように「木」が左側に使用されていれば，それは植物関係の漢字であることが認識できます。漢字の発音においても，「語」が熟語で使用されていれば，「ご」という発音であるというチャンキングをすれば，「日本語，単語，語学」というようにいつも「ご」であり，別々にそれらを学ぶよりは効果的に記憶できます。

　効果の少ない学び方は，文脈なしで個々の漢字の読み書きを覚えようとする覚え方です。一度，筆者が観察したことがありますが，ある学生が漢字の常用漢字をすべて覚えようとし，日本の生徒が使用する国語の教科書に出る漢字を順番に覚えていこうとしていましたが，結局，目標に達しませんでした。この学生には使用度の少ない漢字もありましたし，学生自身に関連のない漢字も多々あったようです。このような漢字を文脈なしで覚えようとしても効果はあがりません。

　漢字学習には文脈を使用するともっと効果的な記憶に繋がります。順序としては，頻繁に使用する知っている語彙を漢字での読み書きに繋げると効果的です。その中でも学習者に関連のある語彙の漢字から学んでいくことが大事です。例えば，学生の生活には，学年について話したり，書いたりすることが多いということから，学生本人が大学の二年生であれば，「私はこの大学の二年生です」といった文章を基に，「一年生，二年生，三年生，四年生」とチャンキングをすることで漢字の読み書き学習に意味が出てきます。さらに，同じ漢字が知っている複数の語彙に使用されるのを学習するのも効果的です。例えば，「語」の使われている知っている単語，例えば，「日本語」「中国語」「英語」といったような学び方です。ここでは漢字学習についてさらに詳しく説明することは避けますが，文脈やチャンキングの使用は大いに記憶に役立つということを理解することで効果的な学習が実現できます。これは後でも説明しますが，漢字は読みの学習と

書きの学習には，学習時間に大きな差があります。ここにおいても，学習目標をしっかり立て，読みだけが必要であるのか，書くことも学ぶ方がいいのか決める必要があります。漢字を書くというのも手書きなのかワープロ使用のタイプなのかによっても学習にかかる時間はかなり違ってきます。

3.6.　トップ・ダウン処理，ボトム・アップ処理

　学習科学の研究によると，新しい情報の処理のし方には，ボトムアップ処理（データ駆動型処理）とトップ・ダウン処理（概念駆動型処理）とがあると言われています。服部・小島・北神（2015: 49）によると，ボトム・アップ処理は，「感覚情報がシステム内の処理機構を駆動し，認知的処理が行われる」ことで，トップ・ダウン処理というのは，「状況を考慮し，知識や経験，概念を使って対象を捉えようとする認知的処理」（ibid: 51）であるということです。

　ここで，日本語学習においてのトップ・ダウン処理の例を挙げてみます。例えば，片仮名の「ナ」と漢字の「十」の中間の形の文字を見たとします。つまり，単独では，「ナ」とも思えるし，「十」にも見えるような文字のことです。孤立してその文字を見た時に，どちらか分からないような文字でも，その周りの状況から，この文字がどちらなのかすぐ分かることがあります。「カナダ」という言葉に使用されていれば，例え，それが「カ十ダ」というふうに二番目の文字が漢字の「十」に近い形であったとしても，片仮名の「ナ」であると認識するでしょう。また，「二十五」という言葉に，「二ナ五」というふうに，真ん中の文字が片仮名の「ナ」に近い形が使われていても，「二十五」というふうに認識するでしょう。このように状況や以前の経験や知識を使用して，不明の部分の処理をします。

　ボトム・アップ処理は，例えば，上にも使用しましたが，漢字学習において，「林，植，松，桜，杉」など植物に関連した漢字には，「木」という

部分が共有しているというパターン認識や,「鯛, 鮪, 鰯, 鮭」など魚の名前の漢字には「魚」という共有部分があるというパターン認識ができます。ボトム・アップ処理は, 上の定義にあるように見たり, 聞いたりという感覚で得た情報を基に処理することです。

　ここで有効な情報は, 人間はこの 2 種類の処理の両方を使用して, 新しい情報処理をする点にあります。Mather (2015: 43) は, この二つの処理の相互関係に関して, "In current theories, bottom-up and top-down processes interact to create inferences about image content"（現在の理論では, ボトム・アップ処理とトップ・ダウン処理の相互作用が働き, 視覚内容が推測されるようである）と述べています。

3.6.1.　ボトム・アップ処理のパターン認識の間違い

　これは外国語学習での例ではありませんが, 幼児の母語習得の段階で, 必ず起こるボトム・アップ処理の間違いがあります。母語習得の過程において, 幼児が動詞の活用を次のように一般化します。英語を母語とする大人が "talk" の過去形を "talked" と言うように, 多くの動詞がこの規則に従って過去形に変換します。幼児は, このパターンを一般化し, そこから, 動詞の過去形には, "-ed" をつけ, "buy" などの不規則な動詞にも "buyed" とします。しかし, この幼児の言語習得の過程での間違いが非常に論理的な間違いであることに気付きます。どの子供でも母語習得過程においてこの種の間違いをしますが, これは, 幼児の優れたパターン認識を示しています。幼児が成長するにつれて, 英語における不規則動詞の存在を認知し, トップ・ダウンの処理を使用し, 徐々に動詞の活用の間違いも少なくなっていきます。[9]

　日本語学習者のパターン認識による間違いはいろいろなところで観察さ

---

[9] Goodluck (1991, 2020) や Akmajian, Demers, Farmer, and Harnish (1998) は, 言語学の入門書ですが, 両方とも母語習得にはここで使用したような例が出てきます。

88

れます。よく起こるのが「見る」から「見て」（一般に「て -form」呼ばれ
るもの）などの規則的な動詞の変形を基にした活用形の間違いです。例と
しては，「見る」が「見て」になり，「食べる」が「食べて」になることか
ら，「帰る」も「帰て」，「走る」も「走て」などと間違った活用になること
が多いです。文章においても，「テレビを見る」「花を見る」のような例か
ら「友達を見る」（「友達に会う」の意味）のような誤用が頻繁に起こりま
す。他には，「大きいでした」「きれかったです」などの間違いもこの種類
のものです。これらも日本語学習歴が長くなると，トップダウン処理の使
用により，間違いを徐々に訂正していき，日本語の上達に繋がっていきま
す。

　このように，人間は学習時には，全体概念と部分的情報の両方を照らし
合わせながら，知識の整理と共に，学びに繋げていきます。日本語文法記
述の実行には，このような点を考慮することで，効果的な記述となるだろ
うと確信しています。

　次に考慮するべきことは，文法記述は，無数の文章の産出と初めて見た
り聞いたりした文章の解釈を可能にするものでなければ，効果がないとい
うところに焦点を置き，論じていきます。

3.7. 無数の文章産出と理解を可能にする文法

　第 1 章で人類の言語の本質の一つとして，同じ内容であっても，言語
を用いて話し手がその内容を聞き手に伝える文章の数は無数であるという
事実を取り上げました。このような，有限の数のものから無数のものを作
り出すというのは，日常生活にも同じ現象が見られますが，そのいくつか
の例を見てみます。

　身近な例としては，料理です。ここに卵が二つ，玉ねぎが一つ，人参が
1 本，ひき肉が 100 グラム，そして，調味料として使用可能な塩，胡椒，
砂糖，ゴマ，小麦粉，バターがあったとします。この食材を使って，料理

するようにと言われた時，何種類の料理が作れるでしょうか。この中から
何を使用するのかを限定されても，食材は何を使ってもいいと言われて
も，どのぐらいの料理ができるかは数えきれないほどの数になるはずで
す。

　絵具を混ぜてつくる色の種類も同じです。ここに赤，青，黄，黒，白の
絵具があったとします。これらを混ぜ合わせてできる色の種類は無数にあ
るでしょう。制約を付けたとしても，それらを組み合わせてできる色は無
数に近いものになります。

　他に私たちの周りには，このような例を多数，観察することができま
す。アルファベットも 26 文字しかありませんが，その組み合わせで無限
の数の言葉が綴れますし，ピアノの鍵盤も 88 鍵ですが，その組み合わせ
で，音の規則に従っても，無数の曲を作曲することが可能です。

　上の例で見たように，本書でいう日本語文法記述の中に含まれる規則の
数は有限です。そして，その記述に規則の組み合わせの制約を設けること
が必要になっても，無数の文章産出が可能となります。どの言語でも言語
に使用されている基本構造の数は限られたものですが，その限られた基本
構造を組み合わせて，無限の文を産出することができます。

　母語習得の研究からも分かるように，子供は言語習得過程において，基
本構造は比較的，早いうちに習得してしまいます。このような母語習得の
現象についてはどの言語学の教科書にも説明されていることです。[10] この
有数の基本構造から，人は一生かけて無数の可能性を生み出し，文章の産
出をして生きていきます。ドゥアンヌ（2021: 30）はこのような有限の規
則から無限の文章作成可能な現象について次のように書いています。[11]

---

[10] このような情報は，言語学入門書などに多く見られます。例えば，Akmajian, De-
mers, Farmer, and Harnish（三版 1998）は典型的な入門書です。以後，改訂版（七刷
2017 まで）が出ていますが，1998 年の三版と改訂版では，この点においては変わりあ
りません。

[11] この日本語訳の参考文献の原本は，Dehaene（2020）です。

90

> 言語学習は本当にいくつかのパラメータの設定に帰着できるのだろ
> うか。それが信じがたいように見えるとすれば，それは，調節可能
> なパラメータの数が増えると開けてくる可能性の数も膨大になり，
> 私たちはそのすべて見通すことができないからだ。これは「組み合
> わせ爆発」と呼ばれる——選択肢が少数でも，組み合わせたときに
> 生じる爆発的増大のことだ。

　上の引用文の「パラメータの設定」というのは，普遍文法においての人
類の言語の共通要素における媒介変数ですが，各言語においては，それぞ
れのパラメータの設定が必要となります。[12] 本書では，母語習得には焦点
をおいていませんので，普遍文法のパラメータの議論は省きますが，この
概念の応用できる大事な点は，有限の少数の規則で無限の文章作成が可能
になるというところです。つまり，ドゥアンヌのいう「組み合わせ爆発」
は外国語学習にも起こるという点です。
　第2章で述べたように，学習者は日本語を学ぶ時には，普通，四技能
（話す，聞く，書く，読む）の学習を目標とします。しかし，この四技能
の間には完全な転移は起こらないということを理解する必要があります。
したがって，日本語文法記述には，この事実も織り込む必要があることを
論じていきます。

3.8.　文法記述の理解と各技能向上について

　ここでは，文法概念を把握したからといって，自動的には直接に四技能
向上には繋がらないことを論じます。文法は話し手が文章を産出する時
に，そして，文章を解釈する時になくてはならない知識です。しかし，例
え，正しい文章が産出できたとしても，その話者が流暢な会話ができるよ

---

[12] 普遍文法におけるパラメータの例はドゥアンヌ（2021: 28-30）を参照してください。

うになるわけではありません。上に論じたように，外国語の各四技能向上
は，技能別の練習が必要だからです。

　大人になってから学習しようとする外国語は，特に初級レベルでは，学
習者による非常な努力を必要とします。技能向上には，各技能の自動化を
目標とし，学習しなければいけませんが，それは母語話者には想像できな
いほど，時間のかかるものです。[13] 外国語学習に求められている自動化と
いうのは，どのような行動なのかを考察します。日本認知心理学会（編）
(2013: 100) によると，自動化した行動の特徴は，「高速に行われること，
努力が不必要であること，意識的認識がないこと，刺激によりコントロー
ルされること，開始すると中止困難であること，他の行動によって妨害を
受けにくいことがあげられる」という説明があります。この説明を読むと，
なぜ日本語学習の初心者は，高速に話せない，話すのに努力が必要，すべ
てに意識的である，話す時に頻繁に中止するといったように，自動化に達
していない行動になるかが分かります。

　人間は，自動化に達していない新しい行動は，一度に一つしかできない
と言われています。つまり，二つの新しい行動は同時進行ができないとい
う意味です。自動化されていない行動は，脳の関連部位の活動がその新し
い情報処理に注意が行ってしまうために，もう一つの新しい行動は同時に
は行われないのです。例えば，友達の話を聞いている時に，テレビの
ニュースを聞いても内容の理解は不可能でしょう。もし，注意がテレビの
方に向いてしまえば，友達の話を聞いているつもりでいても，話の内容は
理解できていないはずです。学生が教授の講義を聞いている時に，昨日の
友達との喧嘩について考えてしまうと，講義の内容は理解できないという
のもこの種のことです。

　これは，どのような場合でも二つの行動が同時にできないというわけで
はなく，二つのうちの一つの行動が自動化に達している場合は，新しい行

---

[13] 第1課で引用した DeKeyer (2001) をもう一度，参照してみてください。

動にだけ注意をすることができますので，二つの行動の同時進行は可能であるということです。[14] 例えば，歩きながら，携帯電話で話すことが可能なのは，歩くことが自動化されているので，携帯電話で話を聞いてもその内容が理解できるというわけです。しかし，このような行動が危険な理由は，注意は携帯電話の話の内容に向いていますので，歩くこと自体に注意がいかないため，周りのことが感知できず，危険な事態になる可能性があるからです。ですから，どんなに運転の上手な人でも，携帯電話で話しながらの運転が危険であるということは納得のできることです。二つの行動が両方とも自動化に達していれば，多くのことが可能になってきます。例えば，サーカスで難しい演技を見ることがあります。一輪車に乗りながら，お手玉をしたりといった行動ですが，それができる理由は，一輪車に乗ることもお手玉をすることも両方とも自動化された技能だからです。

　大学では，学生たちは，忙しくなると，同時にいろいろなことをしようとします。それらの多くは一つずつ注意を払う必要のあるもので，自動化されていることは少ないのが普通です。そのような場合，学生たちは，すべてを成し遂げているように思うかもしれませんが，情報漏れが実に多くなるのが現状です。その理由は，これらの情報に対して注意を同時に向けることができず，分割して注意するからだという説明が認知科学の注意の研究にあります。[15]

　米国マサチューセッツ州の MIT 大学で有名な教授がいらっしゃいました。Patrick Winston という教授で，ラップトップや携帯を授業に持ち込むことは絶対禁止だったということです。なぜ学生にそれらを授業に持ち込み禁止にするのかという質問に対しては，教授は次のように理由を述べたということです。

---

[14] ここまでの情報に関しては，McBride and Cutting (2016) を参照してください。
[15] 日本心理学会（編）（2013: 98-101）を参照してください。

Some people ask why [no laptops, no cellphones] is a rule of engagement … The answer is, we humans only have one language processor. And if your language processor is engaged … you're distracted. And, worse yet, you distract all of the people around you. Studies have shown that.[16]

（なぜ話し合いの場にラップトップや携帯電話の持ち込み禁止なのか質問されることがあるが，その答えは，人類は言語処理が一つしかできないからだ。（授業中に授業内容以外の）言語処理が起動していれば，本人だけではなく本人の周りの人たちの思考の邪魔になってしまう。これは研究済みである）

　ここまで述べたことを日本語学習に応用してみると，納得できることが多くあります。なぜ日本語学習の初心者が話す時，一語一語ゆっくり発話するのか考えてみます。語彙も新しい，文構造も新しいとなると，導入された語彙，そして，新しい文構造を使用して発話しようとするのに，一度に一つにしか注意を向けることができないために，非常に発話が遅くなってしまいます。外国語の上達には，多くの要素の判断を一瞬にして行えるようになることが必要です。例えば，何度も述べているように，語彙選択，文構造選択，発話の場の適切性などの判断と注意するべきことが多くあります。この点の指導においては，どの順番で何を自動化させるかということを考えた上で指導すると，学習の効果も違ってきます。しかし，自動化はそんなにすぐに起こることではないということも理解することが大切です。

　学生の発話がなぜ遅いのか，どこの自動化に問題が生じているのかが分

---

[16] Winston 教授は 2019 年に他界されました。この引用文は，次のネット記事からの引用です。https://www.inc.com/justin-bariso/mit-patrick-winston-rule-of-engagement-how-to-be-a-better-listener-how-to-speak-no-laptops-no-cell-phones-emotional-intelligence.html

かれば，個々の学生の指導にも役立つでしょう。学生は一生懸命，勉強しているつもりでも，勉強のし方が効果的でない場合が多いです。例えば，話すのが遅い学生は，黙読をして勉強している場合が多いです。これでは，話す自動化は起こりません。漢字を書く試験の準備の時でも，ただ漢字を見て，試験の勉強をしていては，漢字試験にはいい点は取れません。無駄な勉強のし方は時間の無駄になりますので，そのような無駄な時間を学生が使っているようなら，教師が効果的な勉強のし方を指導することは非常に重要です。

3.9. 学習度の個人差

どの教科の教師であっても，必ず経験することがあります。それは，教師が教えたと思ったことを学生が理解していなかったり，全く違った理解をしていたりということです。その上，同じ情報であっても，学生間の理解度が違うという個人差を必ず観察しているはずです。外国語教師であれば，上に述べた四技能が自動化に達する度合いに個人差があることも常に観察します。そのために教師たちは，個人差を最小限にしたいと思い，いろいろな方法を試みることがありますが，効果を出すことが非常に困難なことが多いです。研究によると，各技能の学習の個人差を縮めることができるかどうかは，まだ結論が出ていないということです。[17]

どの指導法を使用しても，個人差は起こります。どうにかして，その差を縮めることはできないかと試行錯誤することは，語学教師の常です。ここで，少し話がそれてしまいますが，筆者のある友人の話をします。この友人の息子さんが登校拒否をするようになり，母親である友人は大変，悩んでいました。その頃，日本では，登校拒否という大きな社会問題が頻繁に取り上げられていましたので，本屋には，その課題の本が多く並んでい

---

[17] 日本心理学会（編）（2013: 100–101）を参照してください。

ました。友人は，自分の息子がなぜ登校拒否をしているのか，親として何をすればいいのかという疑問の答えを探すのに必死で，何冊も何冊も登校拒否に関しての書物を購入し，本に顔をうずめる日々を送っていました。それを見ていた息子さんが一言，友人に言ったそうです。「お母さん，そんな本を何冊読んでも，僕のことを分かってくれないと，僕を救ってくれることなんかできないよ」と。それを聞いた友人は，とても大事なことを自分が忘れていたことに気づき，その場ですべての本をゴミ箱に捨てたそうです。この息子さんの言葉は，どの研究書よりも友人の心に，そして，筆者の心にも響いたのでした。

　教師もこの友人と同じようにいろいろと思いあぐねます。できるだけ学習の個人差を最小限に留めたいと思い，次回には少し方法を変えて教えた方がいいのではと思ってしまいます。するとまた違ったところで，個人差が出てきます。学期の終わりに学生からの授業に対する評価を書いてもらうのが常ですが，同じ授業を受けていても，学生の間には評価の違いが出てきます。「進み方が速すぎる，遅すぎる」，「漢字が難しすぎる，漢字学習は楽しい，一学期に学ぶ漢字はもっと数を増やすべきだ」などなど無限に近い個人差が現れてきます。学期末には，教師も学習度の面での多くの個人差の観察をし，戸惑ってしまいます。例えば，話すのが苦手でも書かせるといいものを書く学生，会話の上達は優れているのに，漢字になると全く読めない，また，書けない学生 … と例を挙げればきりがないほど多様性に欠くことがありません。個人差が出るのは教師の責任だと思い込み，それを消すために必死にいろいろな試みをします。それを縮めなければ教師として失格だと，他のことが見えなくなってしまうというのは，誰しも経験することではないでしょうか。

　上での小話の息子さんが言うように，教師が，学生たちの学びに関して本当に理解するには，可能であれば，学生一人一人に関する多くの情報を集めることかもしれませんが，結論から言えば，それは不可能なことですし，その情報を得たからと言って，学生の学びが急に変わるとは思えませ

ん。よく言われることは，学生の母語，得意な科目，日本語履修目的など
の情報は役立つとされ，新学期にはそのようなアンケートを取ることもあ
ります。しかし，アンケートだけでは，何がその学生の学習に影響を与え
ているのかということは分かりません。例えば，母語が同じ学生には個人
差はないかというとそのようなことはありません。傾向は若干あるかもし
れませんが，それでも個人差が出てきます。行きつくところは，学習度の
差はどのように教えても出てくる，どれだけ学生のことを知ったと思って
も，出てくるというのが現状です。

　ここで大事なことは，学生のことを知ることで指導に役立つこともあり
ますし，全く役立たないこともあるということの認知です。同時に，関連
研究の内容が指導に役立つこともありますし，そうでない場合もあるとい
う認知です。時々，このような話題で忘れがちになるのが教師自身につい
てです。学習度の差を縮めようとするのではなく，個人差はあるという前
提で，指導することを考えるというのも一つの考え方ではないかと思いま
す。学生が三人三様，十人十色であるように，教師も三人三様，十人十色
であることはいうまでもありません。教師にも個性があり，個人差があり
ます。外国語としての日本語の指導にあたっている教師は，まず一人の人
間です。学生も一人の人間です。そのため，性格，教育，さらに，言語感
覚も個人によって違います。母語であっても，言語に対する直観の違い
は，文化庁文化部国語課の調査をみると明らかです。[18] 米国の大学におい
ては，日本語科には複数の教師が指導しているのが普通ですが，そこには
教師の間の個人差が必ずあります。

　このように個人差が起こる理由は無限にあります。それは，だれも左右
できることではないものでしょう。学生一人一人の事情，個々の教師の事
情，指導の場の事情と無数に存在します。だからと言って，このままでい
いと言っているのではなく，ここに挙げた事情などを踏まえながら学習科

---

[18] 文化庁文化部国語課. 1997-2020. を参照してください。

学などの研究で教師が学んだことは，何が役立つのか状況と照らし合わせながら，検討していき，また，指導上で違ったことを試してみたいと思った場合は，時間をかけて少しずつ試みると，以前見えていなかったことが見えてくることもあります。そのような意図で，次に，今まで研究されてきたことから個人差が起こる理由を考察してみます。

3.9.1.　研究から分かる個人差が起こる理由

　学生の学習度に個人差が起こる理由は，無数にあるようです。池谷（2002: 13）が言っている「ものとものとを結びつけて新しい情報をつくっていくことが，脳のはたらきの基本」ですが，新しい情報とすでに持っている情報のつなぎ方が個人によって違うということも，学習度に個人差を作る要因になっています。池谷は，脳は「非常に主観的で不自由な性質を持っている」とも説明しています。教師には学生のすべては，見えません。ここでは，学生の複雑な状況を知ることは不可能ですので，学びというそのものの違いに注意をして考えてみます。

　前にも述べたように，学習者が新しい情報を与えられた時，その情報を処理することにより学びが起こります。しかし，処理のし方や各自の持ち合わせている知識の違いも個人差を生む一つの原因になります。Ambrose, Bridges, DiPietro, Lovett, and Norman（2010: 13）がこの学習者の学習度の個人差について次のように説明しています。

> Students do not come into our courses blank slates, but rather with knowledge gained in other courses and through daily life. This knowledge consists of an amalgam of facts, concepts, models, perceptions, beliefs, values, and attitudes, some of which are accurate, complete, and appropriate for the context, some of which are inaccurate, insufficient for the context. As students bring this knowledge to bear in our classrooms, it influences how

they filter and interpret incoming information.

（学生は白紙で授業に来るわけではない。学生たちはそれぞれ違った授業や
日常生活から得た知識をそれぞれ持っている。この知識とは，事実，概念，
規範，知覚，信仰，価値，態度などの混合物であり，すべてが正確，完璧，
適切であるわけではない。このような違った知識を持って，一つの授業の
場に集まり，またその知識が新しい情報の処理に影響を及ぼすのである）

　教師が講義をすると，それを聞いている学生たちは，自分たちがすでに
知っている情報と講義での情報を繋げながら理解をしていきますが，学生
によってすでに知っていることが違いますから，その繋ぎの結果が学生に
よって違うのは当然です。そのために，教師が伝えたと思ったことが学習
者には教師が期待していたような処理がされていない可能性も多いにあり
ます。

　上にも少し例を挙げましたが，日本語学習者の間には，違った技能や情
報の理解の個人差が必ず生じます。その中でも学習に大きく影響をする文
構造の概念把握の個人差について考察します。この文構造の概念把握に優
れている学生は，最終的に到達する言語レベルはかなり高いところに行け
るようですが，文構造把握の弱い学生は，最終目的に到達するのに時間が
かかったり，過程のどこかで滞ってしまったりする場合があります。

　これは，認知科学においても，立証されているようです。与えられた情
報を抽象化し，それらを構造的に整理のできる学習者（“structure-builder;
rule learner”と呼ばれる）と，断片的な具体的な例を覚えて学ぶ学習者
（“example learner”と呼ばれる）とでは，学びの効果が違うようです。
次の引用文は，Brown, Roediger, and McDaniel（2014: 153）による
“structure-builders”の説明です。

High structure-builders learn new material better than low struc-
ture-builders. The latter have difficulty setting aside irrelevant or
competing information, and as a result they tend to hang on to

too many concepts to be condensed into a workable model (or overall structure) that can serve as a foundation for further learning.

（新しい情報は，構造整理の優れた学生の方が構造整理の劣る学生よりも優れた学びができる。構造整理に困難を示す学生は関連性の少ない情報にも注意してしまい，それらを無視することに困難を示す。結果として，多くの関連のない情報を一つの規範に含めようとするために次の学びに役立つ基盤が作成できないでいるのだ）

その上，"high structure-builders and rule learners are more successful in transferring their learning to unfamiliar situations than are low structure-builders and example learners"（構造整理の優れた学生は，構造整理の劣る学生よりも，学びを新しい状況に転移させることに成功する）と，外国語学習に役立つ情報を提供しています。[19]

ここで疑問となるのは，example learners（例を覚えて学習しようとする学習者）を structure-builders（構造整理をしながら学習する学習者）にできるように指導できるのかということです。これは，不可能なことではなく，教師が，学習の段階を具体的に噛み砕いて，次のような提案をすることで，学習は可能になるようです。これに関して，Brown, Roediger, and McDaniel (2014: 160–161) が次のように説明しています。

If you are an example learner, study examples two at a time or more rather than one by one, asking yourself in what ways they are alike and different …. If you think you are a low structure-builder or an example learner trying to learn new material, pause periodically and ask what the central ideas are, what the rules are ….. Structure is all around us …. By abstracting the underlying

---

[19] Brown, Roediger, and McDaniel (2014: 157) を参照してください。

rules and piecing them into a structure, you go for more than knowledge. You go for know-how. And that kind of mastery will put you ahead.

（断片的な具体例から学ぶ学生には，その具体例を別々に学ぼうとするのではなく，一度に2項目を比較しながら，類似点と相違点を発見するような学び方がある。もし学習者が自分は構造的把握よりも具体例で学ぶ者だと思った場合，新しい情報を学ぼうとした時には，一度に学ぼうとするのではなく間をおきながら，この情報の中心概念は何であるのか，また規則は何であるのかを確かめながら進めていくと効果的である。構造は日常生活にいくつも存在している。根底に流れている規則を抽象化し，構造化することで知識を増すことができ，方法が学べ，最終的には熟達に届くのである）

　上で述べた構造把握の重要さは文法把握の重要さに匹敵しています。ここでも全体と部分の相互関係を使いながら，学んでいくことを提案していることが分かります。しかし，情報の繋ぎ方にも，効果的な繋ぎ方とそうでない繋ぎ方があり，それは最終学習に影響しますので，教師のできることは，学生の学び方に注意をし，できるところから個々の学生に合った学び方への指導をすることです。

3.10.　日本語教師の実践の場での重荷

　コミュニカティブ・アプローチが広まると共に，日本語指導においても，文法ではなくコミュニケーションを教えるという目的の日本語教科書が何冊か出版されてきました。それらの多くの教科書では，それぞれの課は，会話提示から始まっています。会話は，その課での導入目標とする表現の文脈を与えるのに有効な方法です。ここでいう文脈とは，具体的に言えば，「招待のし方」，「断り方」など機能を課題としたものです。

　それらの会話は，長くなることもあります。長い会話というのは，抽象
的な表現ですが，例えば，本章では，話し手と聞き手の受け答えが 2 回
やそれ以上のものを指します。話し手と聞き手の受け答えが 1 回ずつと
いうのはほどんどありません。その受け答えの中でも一人の話し手の文章
の長さはまちまちです。[20] なぜ会話の例が長くなるのかというと，ある課
で「断り方」の機能を学ぶことが主な目的であったとすれば，その前後の
状況も会話に含まれているために，長くなります。会話が長くなると，一
回の会話に使用される文章も多くの違った構造が必要となります。なぜ
違った構造が必要になるのかと言うと，コミュニケーション重視の指導で
よく言われている「自然な会話」という概念に縛られてしまい，自然な会
話にしようとすればするほど，一回の会話に使用される表現の文構造が多
くなってしまうからです。

　これらの多くの文構造の取り扱いも教科書によって異なります。筆者の
観察では，多くの構造の説明は詳しくは取り扱われていませんし，説明が
あったとしても，英訳で始末をしたり，文型として取り上げ，その文型か
らできる表現の英訳に頼る場合が多いようです。

　会話を使用して，コミュニケーション指導をしようとすると，多くの断
片的な構造を使用することがあります。それに関して，Jorden（2000: 5）
は次のように疑問を投げかけています。

> Random exposure to countless unstructured, specialized samples
> of the language and culture can only result in a language mish-
> mash that can never be identified as competence.
> （ある言語表現やその文化の無数の例を順序立てずに無秩序な状態で提供す
> ると，結果としては，言語能力に繋がらない断片的要素の意味のない集合
> 体となってしまう）

---

[20]　本書の目的はある特定の教科書を批判することではありませんので，具体例を出版
物から引用することは意図的に避けています。

　このような会話をどうすれば効果的な日本語指導にするのか迷っている教師が多いのは事実です。個々の教師の指導のし方で多くみられるのは，その会話を学生に覚えさせたり，会話を一文一文読ませ，その意味を解読させるか，教師がしていくような方法です。

　会話に使用される文構造を無視し，会話を覚えさせるといった場合，学生たちにとっては記憶の負担が増えます。覚えた会話の表現などは実際に学生自身が経験をする会話表現と異なることが多く，どれだけ日本語学習に繋がっているのかが疑問になります。このような会話の流れは実際の日本語での会話のモデルにもなりません。実際の会話の流れはその時になってみなければ，分からないことです。これは何度も説明したように，言語の特質には無数の文章産出の可能性があり，改新的な文章を人間は使用するからです。

　ここで考慮するべきことは教師たちがなぜ日本語構造や体系指導をする必要があると感じているかということではないでしょうか。例えば，ここで取り上げているような会話に使用されている断片的な文構造に教師がどのように対応するかによっても問題の種類が違ってきます。会話に使用されている文構造は，教師がこの課では無視するようにと指示をしても，理解しようとする学生が多いのに気づきます。もちろん学生によりますが，教師から会話に使用されている文構造の指導を受けない場合，理解しようとすればするほど，母語での訳（多くの場合は英訳）に頼り，学生独自の理由付けをしてしまいます。なぜ，学生独自の理由付けをするかと言えば，大人になった学生が日本語構造に関する疑問に教師が納得するように答えなければ，疑問に思っている構造の理由付けを自分の母語に当てはめたり，自分なりの決まりを作ってしまったりするからです。時には，英訳に頼り，その英語と日本語の違いを知らないまま繋げてしまい，誤用という結果になることもあります。[21] これは第1章でも触れましたが，誤用が

---

[21] 野田・迫田・渋谷・小林（2001）を参照してみてください。

化石化してしまうと，後での訂正が困難になってきますので，できる限り
避けた方がいい現象です。

　会話が自由にできるようになるというのは，日本語学習には大事な目標
です。長い会話を使わなくても会話の力をつける方法はあるはずです。そ
れに関しては，最後の章で考察します。

3.11.　次の章への繋ぎ

　本章では文法記述の提案の前に前作業として学習科学から外国語学習に
応用可能な項目を参考にしました。文法という抽象度の高いものの記述に
は，次の項目に記されているような点の考慮が必要であることを取り上げ
ました。

1. 「学び」は情報の繋がりによってできる
2. 全体と部分の相互関係は学びに大きく貢献する
3. 全体と部分の双方を往来しながら，理解へと繋げていく
4. 全体は抽象的であり，部分は具体性がある
5. 人間の記憶する量には限界があるが，関連のある項目に繋げると，記憶に役立つ
6. 四技能の基盤となるのは文法であるが，各技能における文法の規則は，重複しているものはあるが，同じものではない
7. ある技能から他の技能への完全な転移は不可能である
8. 学生の学習度には個人差がある上に，それを取り除くことは不可能である

　上で述べたことを考慮に入れた文法記述に，以下の言語の特質を踏まえ
たものが役立つものとなります。

1. 人間が産出する文章というのは改新的であり，学習者はこの改新

的な文章を産出し，また，解釈ができなければ，学習に成功した
とは言えない。

2. この改新的な文章は無数に存在する。日常生活からも分かるよう
   に，有限のものから無限のものを作り出す例は多くある。言語に
   おいては，規則は有限であるが，産出する文章は無限のものとな
   る。

　本書で提案する学習者のための文法書の必要性の理由は，文法がコミュ
ニケーションを成り立たせるからであり，また，学生間の学習度の個人差
に対応するためでもあります。文法がコミュニケーションを可能にすると
いう点は何度も述べてきました。文法書の存在は学習度の個人差にも対応
できます。本書で提案しているような学習者のための文法書は，教室の時
間を文法指導に使う必要を取り除いてくれます。どのような個人差があっ
ても文法学習は，各技能向上には必要なものです。この点に関しては，本
書の第 5 章で詳しく述べます。

　次の章では，このような言語の特質と学習者の学びについて考慮した上
で，話し手（書き手）と聞き手（読み手）の間にコミュニケーションが成
り立つ基盤となる文法記述の具体的な例を提案します。

第4章　日本語文法記述の例

4.1.　はじめに

　第2章では，日本語学習者のための包括的な日本語文法記述の必要性について論じました。第3章では，そのような文法記述を具体化する前に，学びに関しての研究から外国語学習に応用可能な数項目について述べました。特に，学習者がいかに全体と部分の相互関係により情報を処理するのかは，興味深く，また，重要な情報事項であることを強調しました。

　日本語学習者にとっての文法記述は，たとえて言うならば，建築における抽象的な設計図のようなものです。建物は，少しずつ作り上げていかなければいけませんが，その過程において常に設計図を参考にしながら，完成させていくのと似ています。このような文法記述は，学習者がどの教科書を使用していても使用可能な参考書であるのが理想的です。

　本章での目標は，ここまで考察してきた情報を参考にして，日本語文法記述の中からいくつか具体的な例を示すことです。本章での提案は，日本語で説明してありますが，最終的には，このような文法書は，学生のために英語で記述する必要があります。

　本章の内容に関して，次の点に注意して，読んでいただきたいと思います。

1. 本章での説明は，本書の読者の方たちのためであり，必ずしも学生向けの参考書で使用するような言葉使いではないこと
2. 内容は，参考書に含めると役立つと判断した全体像とその部分の情報を箇条書きのような書き方にしていること
3. 本章で述べるものは，一例に過ぎず，実際の参考書の情報量，及び，述べる項目の順序も学習者のための参考書とは異なること
4. 実際の参考書の説明は，本章で述べるものより詳細なものになること
5. 実際の参考書に使用する例文には必要な時には文脈を含めること
6. 実際の参考書には，必要な場合には，頻繁に起こる誤用の例も挙げ，誤用である理由の説明も加えること

4.2.　日本語の文構造の柱となる単文の骨組み

「文」は，言語による伝達の基本的な単位です。『広辞苑　第七版』(2018: 2613) によると，「文」というのは，「形の上で完結した，一つの事態を表す言語表現の一単位」であり，「構造上，単文・重文・複文の三種に分け，また，機能上，平叙文・疑問文・命令文・感嘆文の四種に分ける」と定義されています。

まず，文には，単文，重文，複文の三種類がありますが，単文構造の各要素の理解は，重文や複文の理解に深く繋がっています。ですから，単文の構造の理解には時間をかけて，学生の把握を確かめながら，進んでいくのが理想的です。

下の図は，日本語における単文の骨組みで，その中に含まれている情報は，日本語の文構造について述べる重要な内容が含まれています。学習者のための文法書にも，始めに単文の骨組みの図を与えるのは，効果的ですが，もう少し簡単な図から始める方が効果的です。それだけではなく，新しい項目を導入する時には，必ずこの図に戻り，全体像のどの部分を学ぶ

のかを確認させながら，学習させると理解に繋がります。

主題	述部		機能		文体
			法	**種類**	
主語	動詞述部		意図	叙述	普通体
目的語	形容詞述部		観察	疑問	丁寧体
	名詞述部		願望	命令	
			伝聞	感嘆	
			など		

　上の表では，日本語の単文には，太字のものが必要な項目であることを示しています。他の項目は，すべての場合に必要な項目ではありませんが，伝達の内容に必要な時には使用することが可能であることを示しています。ここで，次のことに注意をするべきです。上の表はあくまでも論理的な表であることを理解する必要があります。それは，必要な項目であっても，具体的に会話をしている場合や文章を書いている場合などには，日本語では省略という現象が頻繁に起こるという事実を理解することです。省略された項目でも，文章産出・理解には必要な要素です。

　上の表を具体化した二文を例として挙げます。

　　リーさんは　　背が　　高い　　　よう　　　ですね。
　　主題　　　　　主語　　形容詞述部　法（観察）　叙述（丁寧体）

　　田中さんは　　英語が　上手だ　そう　　だ。
　　主題　　　　　目的語　名詞述部　法（伝聞）　叙述（普通体）

　　白組は　　こちらに来てください。
　　主題　　　動詞述部　命令（丁寧体）

　以下の説明には，「話し手」（あるいは「話者」）と「聞き手」（あるいは「相手」）という言葉を使用しますが，これは，書き言葉では，「筆者」と「読者」に相当するものであり，これらも含まれているという前提で説明

を進めていきます。書き言葉に関しての説明には，「筆者」「読者」を使用します。

4.2.1. 主題と述部

単文は，「主題」と「述部」の二つの部分から成り立っています。「主題」は，話者がこれから話すことを取り上げて，聞き手に注意を促す役目をします。「主題」の後には，助詞の「は」を使用します。助詞は，名詞，及び，名詞句のすぐ後に使用し，この名詞（句）が文での「主題」であることを聞き手に知らせる機能を持っています。助詞の全体像はこの後で説明します。主題を示した後に，話者は「述部」で主題について述べます。次の例文には主題と述部の部分を示しています。

(1) 中田さんは　大学生です。
　　 主題　　　　述部

(2) 日本語は　やさしいです。
　　 主題　　　述部

(3) リーさんは　明日，日本に行きます。
　　 主題　　　　述部

上の単文の骨組みの図で分かるように，述部の後に話者の意図，述部での情報の根源（第3者による報告，話し手の視覚や聴覚など），文の種類（疑問文，命令文など），文体（普通体か丁寧体）などの情報が加えられます。このような情報は英語では，文の始めの方に与えられますが，日本語では文の終わりの方に表されます。

4.2.2. 三種類の述部

日本語の述部は三種類あります。述部の名称は，述部に使用されている品詞の名称を含めて種類を示します。上の例文（1）の文の述部は「大学生です」という部分で，「大学生」は名詞です。したがって，この種類の

述部は「名詞述部」と呼ぶことにします。「大学生」という名詞の後に「です」という言葉が使われています。「です」に関しては，次の文章の説明の後でまとめて説明します。

　例文 (2) の文の述部は「やさしいです」という部分で，「やさしい」は形容詞で，この種類の述部は「形容詞述部」と呼びます。この文章にも形容詞の後に「です」という言葉が使われています。

　例文 (3) の文の述部は「日本に行きます」で，「行きます」は動詞です。したがって，この種類の述部は「動詞述部」と呼びます。[1]

　(1) と (2) の例文の述部に使われている「です」について簡単に説明します。「です」は助動詞と呼ばれ，動詞述部以外に「です」を付け加えて，いくつかの機能を果たします。まず，例文 (1) の名詞述部の場合の「です」について説明します。ここでの「です」は二つの働きをします。名詞は日本語では活用が単独では可能ではないために，「です」が名詞述部の活用の役目を果たします。その上，この文の文体は，丁寧体であることを示します。文体については，後でまとめて説明します。

　例文 (2) の形容詞述部の場合の「です」は，活用の役目は必要ありません。その理由は，日本語の形容詞は活用するからです。ですから，形容詞述部の「です」の働きは，文体の種類（ここでは「丁寧体」）を示す役目のみです。(3) で使用されている動詞の形は，動作や状態の情報や文体を表します（これも「丁寧体」です）。

　この三種類の述部の分類ができると，述語の活用の学習に大きく役立ちます。その理由は，述部の活用は，同じ種類のものは，常に同じ規則で活用をしていくからです。

---

[1] 実際の学習者のための文法記述には，「名詞」「形容」「動詞」などの品詞の定義も必要ですが，本章ではその定義は省くことにします。

4.3. 文体

　日本語の文末には，多くの大切な情報が含まれます。文体もその一つであり，普通体と丁寧体の2種類あります。すべての述部は普通体と丁寧体の使用が可能であり，述部の活用も普通体のものと丁寧体のものが別々に存在します。ここでは，述部の普通体と丁寧体の使用の区別について述べます。

　上の例文 (1) から (3) は丁寧体で書かれています。次の例文 (4) から (6) の文章は，(1) から (3) の文章と同じ意味ですが，普通体で書かれてたものです。

- (4)　中田さんは大学生だ。
- (5)　日本語はやさしい。
- (6)　リーさんは明日，日本に行く。

　話す時も書く時も，普通体を使用するか丁寧体を使用するかは，多くの要素が影響します。まず，「話す」という行動について考えてみましょう。会話で普通体が使用されるのは，家族の者同士や友人の間での会話の時です。話者と聞き手が知り合いではない場合や，親しくない者同士の会話では，普通，丁寧体を使います。話す場というのも大事で，友達同士であっても，会話の場が正式な場で，他の人がその場に出席している時には，丁寧体を用いたりしますから，多くの要素を基に文体を使い分けます。

　親しい者同士の会話というのは，普通体を使用するだけではなく，文章の多くの要素が省略されたり，会話特有の助詞が頻繁に使われたりします。親しい間での会話は男性と女性の発話のし方，文末の助詞選択，第一人称の代名詞，語彙選択など多くの違いが観察されます。[2]

---

[2] 世界的に性別の二元制に関しての問題意識が高まっています。日本語でも，話者による第一人称の代名詞，語彙，終助詞の選択などに影響を与えていますが，本書ではその点においての詳細は省きます。

　話す場が会議や講義や講演などの正式な場合には，丁寧体が使われます。ニュース番組のアナウンサーなども丁寧体を使用します。正式な話し方や講演などでは，男女間の言葉の使用はそれほど違いが顕著ではありませんが，会話において，女性の話者の方が丁寧体を使う割合が多いようですが，これも複雑な要素が多々含まれているために簡単に言い切れることではありません。

　次に「書く」時の文体について説明します。随筆や新聞記事のように一般の人を対象に書く場合には，普通体が使われることが多いですが，必ずしも普通体であるとは限りません。新聞などは一貫性を保ち普通体で書かれていますが，特定の人にメールや手紙を書く場合には，丁寧体が使われることが多いです。親しい間であっても，会話では普通体を使うのに，手紙になると丁寧体で書いたりすることがあります。実際の対面での会話と比べて，文字を通しての伝達は，距離感が遠くなるからなのかもしれません。しかし，これは規則ではなく，書く人の選択，社会的な決まりの理解などが影響します。携帯などのテキストメッセージには，会話と同じ普通体を使うことが多くなります。ここでも分かるように，文字を使っての伝達と音声を使っての伝達の文体は，多くの要素が影響していることを認知しなければいけません。

4.4.　助詞

　助詞は，「助ける詞」と書かれているように，ある語彙，句，節の後に使用され，それらの言葉（句・節）に特定の機能を与える働きをします。例えば，上で説明したように，ある言葉の後に助詞の「は」が使用されていれば，この言葉は，文の主題であることを示します。助詞は次の 3 種類に分けられます。

1.　助詞の前に使用される言葉に機能を与え，その言葉と述部との繋

ぎの役目をするもの（例：「は」,「を」,「が」など）

2. 文の最後に使用され，文全体の機能を示すもの（例：「か」,「ね」,
「ねえ」,「よ」など）

3. 先行する助詞に意味を加えるもの（例：「も」,「は」,「さえ」,「だ
け」など）

次に，この3種類の助詞について例を挙げながら詳しく説明していきま
す。

4.4.1. 名詞(句)に機能を与え，述部との繋ぎの役目をする助詞

まず，ここでは名詞(句)に機能を与えて，述部との繋ぎの役目をする助
詞について説明します。次の (7) から (9) までの例文を観察してみましょ
う。特に下線をひいた助詞の前の名詞と述部の繋ぎを考えてみます。

(7) 明日，田中さんは授業に来ます。

(8) リーさんは中国語が話せます。

(9) 毎朝，あの人はコーヒーを飲みます。

上の三つの文章の「は」は，上でも説明したように，「は」の前の名詞が
文章の主題であることを示しています。例文 (7) で使用されている「に」
の前の名詞は，「来る」という動詞の目標地とする場所を示します。(8)
の「が」の前の名詞の「中国語」は，「話せます」という状態動詞の目的語
を示し，(9) の「を」の前の名詞の「コーヒー」は，「飲みます」という動
作を表す動詞の目的語であることを示しています。「が」も「を」も動詞の
目的語を表すと書きましたが，この助詞の違いは動詞の意味によります。
これに関しては，本章の少し後で他の助詞と合わせて説明します。

4.4.2. 文章全体に機能を与える助詞（終助詞）

この種の助詞は，次の例文で分かるように，文章の最後に使用され，文

全体に意味を与える機能を持つものです。このような助詞は終助詞とも呼ばれています。

(10)　田中さんは明日，授業に来ません<u>よ</u>。
(11)　いつリーさんは日本に行きます<u>か</u>。
(12)　このコーヒーはまずいです<u>ねえ</u>。

　終助詞は，会話に頻繁に使用されます。(10) の「よ」は，話し手が聞き手はこの文章で表している内容を知らないだろうと判断した時に使用し，聞き手にこの情報を与える役目をします。(11) の「か」は，話し手がこの文章の内容に関して，聞き手に質問を投げかける時に使います。(12) の「ねえ」は，話し手の感じている内容について聞き手に同意を求める時に使用します。会話では，話者の発話の際の顔の表情，声の使い方，発話の文章の抑揚などにより違った意味を伝達することがあります。ですから，ここでの説明は，それらを取り入れたものではないことを追加します。例えば，(12) の例文の文末の助詞の「ねえ」も不快そうな顔の表情と共に抑揚を下げると，特に同意を求めているわけではなく，不快感のみを示している可能性もありますし，声の調子で不快感の度合いが異なる場合もあります。

　この他に日本語には多くの終助詞が存在し，特に親しい者同士の会話の場合，終助詞の使用は話者の性別で，使い分けられたりします。ここでは，例文は出しませんが，女性であれば，「わ」を使用したり，男性であれば，「ぞ」を使用したり，他には，終助詞を組み合わせて使用したりします（「わよ」「わねえ」など）。

4.4.3.　先行する助詞に意味を加える助詞
　3番目の助詞の種類は，先行する助詞に上乗せして使用される場合（(13)と (14)）と並行して使用される場合（15）があります。いずれも先行する助詞に他の意味を加えます。

(13)　明日，リーさんと佐藤さんは授業に来ます。田中さん<u>も</u>来ますよ。

(14)　今日，田中さんは授業に来ませんでしたねえ。明後日<u>も</u>，来ませんよ。

(15)　リーさんは中国に行くようですね。日本に<u>も</u>行くのでしょうか。

　（13）では，主題の「は」に「も」が上乗せされています。この助詞が加える意味は，前の文章の主題である「リーさんと佐藤さん」と同じ行動を田中さんがすることを示しています。（14）では，「明後日」と前の文の「今日」が関連しています。明後日の後に使用された「も」は，「今日」と「明後日」に同じ述部の意味が加えられています。（15）では，先行する助詞の「に」と「も」が併用されています。加えられた意味は，日本以外の国，ここでは中国にも行くことを話し手が確認していることを示しています。このような助詞は，上乗せ（（13），（14）の場合）と併用（15）する場合がありますから，これらの規則も記述する必要があります。一般的には，上乗せのできる助詞は，「は」「が」「を」で，他の助詞とは併用されますが，これには複雑な決まりがありますから，それも記述に含める必要があります。

　例文で使用された「も」が単独の文章に使用された場合，その解釈は他の前提とされた内容が発話をされていなくても，「も」の前の名詞は他の名詞と対比されていると解釈する必要があります。つまり，発話のされていない文脈の解釈も必要になります。例えば，下の例文を見てください。

(16)　あの人は英語<u>も</u>話せるんですよ。

　（16）の文章が単独で使用されても，この文章は，主題である「あの人」は，英語だけではなく他の言語も話せるという解釈が含まれています。

4.4.4.　助詞の複数機能

　助詞は，各助詞が一つの機能を持つわけではなく，複数の機能を持っています。例えば，助詞の「に」には，次の例文にあるように，多くの機能があります。文の終わりに括弧で簡単に各機能を記入します。

- (17)　姉は来年，イギリスに留学します。〔目標地〕
- (18)　チャンさんの鞄はここにあります。〔存在の場所〕
- (19)　この授業は三時に終わります。〔時間〕
- (20)　これは子供にあげるつもりです。〔間接目的〕
- (21)　お昼ご飯を食べに帰ります。〔行動の目的〕
- (22)　本当に面白い映画でした。〔副詞用法〕
- (23)　午後は雨になります。〔変化〕
- (24)　田中さんは佐藤さんに似ています。〔対象〕
- (25)　あの人は，酒にたばこにと悪い癖がなかなか直りません。〔追加〕

　この助詞「に」の機能はこれですべてではありませんが，重要な点は，助詞には複数の役目が存在するという事実を知ることです。

4.5.　文の四種の機能

　文章の種類は，大きく分けて，四種あると言われています。話し手が主題について述べたり，説明したりする文章を平叙文，質問を投げかける文章を疑問文，聞き手に命令したり，指示をしたりする文章を命令文，感動した時に発する文章を感嘆文と言います。次の文章は，各種類の簡単な例文です。

- (26)　この大学は，200年前に創立されました。〔平叙文〕
- (27)　この電車は，何時に出発予定ですか。〔疑問文〕
- (28)　静かにしなさい。〔命令文〕

(29)　ああ，何ということでしょう。[感嘆文]

上の例文で示されているこの四種の文それぞれには，詳しい説明が必要です。その理由は，「命令文」と一言で言っても，述部の形はいくつも存在するからです。(28) では，文脈がないので，具体的にだれがだれに命令をしているのかは不明ですが，分かることは，年上の話し手が，年下の聞き手に注意をしている文章です。具体的な発話状況を説明に加えてみます。例えば，家族の者同士で，兄が弟に静かにしてほしい時には，苛立ちを表し，次のように言うかもしれません。

(30)　静かにしろよ。

同じように，他の種類の文も状況によっては，随分と述部の形が変わってくるという全体像を理解しておくことはとても役立つ知識です。次に，疑問文の例を使って，機能の違いを説明します。まず，日本語においての疑問文の構造の特質について説明します。

4.5.1.　疑問文の構造の特質

疑問詞の「だれ」「なに」「どこ」などの疑問文での位置は，英語とはかなり違います。英語では，このような疑問詞は，文頭に来ることが多いですが，日本語では，そうではありません。日本語では平叙文の語順を保ち，疑問である部分を疑問詞に入れ替える，そして，文末に終助詞の「か」を加えるのが普通の疑問文の産出方法です。

(31)　今日，田中さんは東京にいらっしゃいます。[平叙文]
(32)　今日，田中さんはどちらにいらっしゃいますか。
(33)　今日は，どなたがこちらにいらっしゃいますか。
(34)　いつ，田中さんはこちらにいらっしゃいますか。
(35)　田中さんはいつ，こちらにいらっしゃいますか。
(36)　田中さんはこちらにいつ，いらっしゃいますか。

　(31) は，平叙文です。(32) では，(31) の平叙文で示された目的地である「東京」の部分に関しての質問ですので，「東京」が使用されている位置に疑問詞の「どちら」を使い，文の最後に助詞「か」を入れると，田中さんの目的地を聞く疑問文ができます。(33) は，主題自体が疑問です。この場合，疑問詞は主題の位置に使用し，主題を疑問にする時の助詞「が」に変え，疑問文を産出します。(34) から (36) の疑問は時です。時間を示す言葉は，文末には使用できませんが，文中であれば，使用の位置はかなり自由です。ですから，「いつ」は主題の前でも後でも，動詞の前であれば，どこでも構わないということを示しています。(35) は主題の後に，(36) は動詞の前に疑問詞の「いつ」が使用されています。

　日本語では文中の名詞句（名詞と助詞）の語順は絶対的ではないことをここで付け加えておきます。上の例文で示している重要な点は，英語のように疑問詞は必ず文頭に使用しなければいけないという規則がないという点です。疑問詞に続く助詞が正しいものであれば，状況によりますが，疑問詞を文中の他の位置に使用することも可能です。しかし，疑問詞の位置がどこでもいいというわけではありません。文構造の要素の位置が違えば，それがどんなに微妙なものであっても，発話の意図が違うことにも注意をする必要があります。このような細かい情報は，本書では触れませんが，参考書では触れるべきです。語順に関しての全体像は，学習の初期段階で学習者に提供しておくと，学習に役立つ場合が多いです。

　次は，疑問文の機能についてです。話者が使用した文が平叙文や疑問文の形をとっていても，伝達の意図は，複雑です。例えば，話者は聞き手が映画に友達のキムさんと行くということを以前聞いていましたが，今日の話では，どうも一人で行くような様子です。それで，相手にその理由を聞いてみようと思って発話したのが (37) の文だとします。

　(37)　どうしてキムさんと一緒に映画に行かないのですか。

　これは明らかになぜ聞き手がキムさんと映画に行かないのか疑問に思

い，答えを求めている文章です。しかし，今度は，次のような状況だとします。ある話者が映画を見に行きたいと思っているのですが，だれかと行きたいと思い，ある友人を誘いました。しかし，あっさり断られてしまいました。でも，諦めきれずに再度，同じ友人を誘います。そうするとその友人が少し苛立ち，（38）の文章を発話しました。

(38)　もう行けないと言ったじゃないですか。

（38）も終助詞の「か」が使用されていますから，文の種類としては疑問文ですが，文の意図するところの機能から見ると，（38）では，話し手は，聞き手に映画に誘われて断ったことをもう伝えてあると苛立ちを表してはいますが，返事を要求しているわけではありません。

このように言語というのは，文の形による分類とその文の表す機能の可能性による分類との二重の働きがあるということを上の例で示しました。

4.6.　単文，重文，複文

単文は，「主題」一つと「述部」一つからなる文です。重文というのは，二つ（あるいは，それ以上）の単文が接続された文章で，それらの単文に使用されている述部が並列の関係にあるものを指します。並列の関係というのは，二つの単文の順番を入れ替えても，意味の成り立つものという意味です。これは，名詞を繋げる接続詞の「と」の使用と似ています。例えば，「昨日，パンとバナナを買いました」と言っても，買ったものの順番を変えて，「昨日，バナナとパンを買いました」と言っても，意味は変わらないのと似ています。

下の（39）と（40）の文は，重文の例です。それぞれ二つの単文が接続詞「が」で繋げられて，一つの文章となっています。そして，2番目の文章では，二つの単文を入れ替えてありますが，単文を入れ替えても，重文の意味は同じです。ちなみに，重文や複文に使用されている単文のことを

「節」と呼ぶことにします。単文と節の違いは，単文はそれのみが使用されて一つの文になるのに対して，節は何らかの接続方法で二つ以上の節を繋げ，一つの文章を形成しています。

(39)　この本は日本語の本ですが，あれは中国語の本です。
　　　あれは中国語の本ですが，この本は日本語の本です。
(40)　彼女は，頭もいいし，きれいです。
　　　彼女は，きれいだし，頭もいいです。

　複文も二つ（あるいは，それ以上）の節が何らかの接続方法によって繋げられて，成り立っていますが，重文と違う点は，次の例文で分かるように，二つの節の入れ替えができないという規則がある点です。二つの節は，主節（主な節）と従属節（主な節に補う情報を与える節）から成り立っています。

(41)　田中さんは，まだ一年生だから，大学内のことはあまりよく知りません。
　　　*大学内のことはあまりよく知らないから，田中さんはまだ一年生です。
(42)　山田さんがこちらに来たら，会えますね。
　　　*会えたら，山田さんがこちらに来ますね。

　(41) の文は，主節が，「田中さんは大学内のことはあまりよく知らない」で，その理由は従属節で説明されています。ここでは，「まだ一年生だから」が従属節です。この二つの節の順番は入れ替えることができません。(42) も同じです。「会えます」が主節で，「山田さんがこちらに来たら」が従属節で，この二つの節の入れ替えはできません。このように，日本語では，複文の主節と従属節との順番が決まっていて，従属節が先に来て，後に主節が来ます。複文の中に使用されている二つの節を重文のように入れ替えることはできません。

120

　複文の種類は，数多くあります。そして，それらの複文にはそれぞれの決まりがあります。ここでは，それらすべてを取り出して，説明はできませんが，言うまでもなく，実際の包括的な文法書には，全体的な複文の種類を取り出し，具体的に説明することが必要です。後で副詞節のところで説明しますが，従属節と主節の順番は，どの複文においても同じであることは始めから指導した方が効果的です。この導入方法は，副詞の小さいものからだんだん節に持っていって説明すると効果的です。

　複文の提示で重要な点は，説明を英訳だけに留めないことです。理由は，英語での複文と日本語での複文は，主節と従属節との繋ぎ方に違いが多くあり，英訳だけに頼って，日本語構造を学ぶ学生の中には，日本語の文章の産出や解釈に大きな問題を抱える場合があります。

　複文の従属節には，理由，動機，時の制約など多くの意図を表現するために使用されますが，その中には類似表現が多くあります。この類義表現においては，構造上の情報とそれに伴う意味を指導する必要があります。次の文章を見てみましょう。

(43)　東京に行くと，あの寿司屋に行きます。
(44)　東京に行った時，あの寿司屋に行きます。
(45)　東京に行ったら，あの寿司屋に行きます。
(46)　東京に行くのなら，あの寿司屋に行ってみてください。
(47)　東京に行ければ，あの寿司屋に行ってみたいです。

　上のような文章の解釈に下線の部分を英訳で"if"だとか"when"だとかを使用し，構造の違いを指導するのを観察したことがあります。この5つの構造の違いの把握は各日本語の文章を英訳するだけでは，効果的な学習にはなりません。ある時，文法を習わないで日本語学習を試みているという学生が，上のような文章に接した時に，「どの部分がifで，どの部分がwhenですか」というような質問をしてきたのを観察しました。このような質問は，日本語の文構造の把握に問題があることを示していて，教師

は，絶対に放置をしてはいけない種類の問題です。

　（43）から（47）の違いを説明します。（43）は，「東京に行くといつも
あの寿司屋に行く」という習慣的な行動の意味が含まれています。（44）
は，「いつか必ず東京に行く時があるけれども，それが実現した時にあの
寿司屋に行く」という時間的な制約の意味が含まれています。（45）は，
「東京に行くような場合があるかどうか分からないが」という条件が含ま
れ，さらに（46）では，相手が東京に行くと話し手に伝えた後に，話し手
がその場合には特定の寿司屋に行くようにと勧めている文章です。最後の
（47）では，実際に東京に行けるかどうかは今の時点では分からないけれ
ども，そのような機会があれば，是非行ってみたいという意味を伝えてい
ます。上の例文で，主節のアスペクトが完了形が可能な場合は，また違っ
た意味が含まれ，この情報も記述することは大事です。このような細かい
違いは，英語の“if”と“when”だけを与えていたのでは，なかなか上達
には繋がりにくくなります。

4.7.　形容詞（節）と副詞（句，節）

　形容詞は名詞を修飾し，副詞は，動詞，形容詞，他の副詞を修飾しま
す。ここでは，形容詞（節）と副詞（節）の働きと構造を説明します。形容詞
も副詞も上で説明した「節」になることがあることも説明します。

　形容詞は，名詞を修飾しますが，名詞を修飾する言葉は形容詞だけでは
ありません。

（48）　昨日，安い本を買いました。

（49）　昨日，便利な本を買いました。

（50）　昨日，日本語の本を買いました。

（51）　昨日，私の先生が書いた本を買いました。

　上の例文では修飾する言葉には下線を引いてあります。どの文章でも下

線の部分は名詞の「本」を修飾しています。(48) では，形容詞の「安い」が「本」を修飾しています。(49) の「便利」という言葉は，意味は形容詞ですが，形は名詞です。このような語彙の集まりは，筆者は，「形容名詞」と呼んでいます。その理由は，この種の言葉は名詞述部と全く同じ活用をするからです。学校文法（国語学）では，(49) で使用されている「便利」は「形容動詞」という品詞に属しますが，この名称は日本語学習者には混乱の元になります。さらに，「便利」などの形容名詞が次の名詞を修飾する時には，日本語指導の場合には，この二つの言葉の間に助詞の「な」を用いると説明します。この「な」も学校文法（国語学）では，助動詞の普通体の「だ」の連体形であるとされていますが，日本語学習においては，「な」も助詞の一つであるとみなす方が学習しやすいようです。(50) では，名詞が他の名詞を修飾しています。この場合は，助詞の「の」を使用します。(51) では，「私の先生が書いた」の節が名詞「本」を修飾しています。このように節が名詞を修飾する節を「形容節」と呼びます。それは，この節の働きは，形容詞のような働きをし，修飾される節の前に使用されるからです。

　英語では，名詞を修飾する言葉は，修飾される名詞の前に来る場合と後に来る場合があります。次の例文では括弧に囲まれた名詞は，太字の修飾語（節）で修飾されていることを示しています。

(52)　I had a **delicious** [meal] yesterday.［名詞の前の修飾語］

(53)　I ate a [meal] **that my mother cooked**.［名詞の後の修飾節］

(54)　I want to eat [something] **sweet**.［名詞の後の修飾語］

次は副詞と副詞節の働きを見てみます。

(55)　あの学生はゆっくり話します。

(56)　あの学生は本当にゆっくり話します。

(57)　あの学生は日本語をペラペラ（と）話します。

(58)　あの学生は，<u>もう十年も日本語を勉強しているから</u>，<u>とても流暢に</u>日本語を話します。

　(55) では，副詞の「ゆっくり」が動詞を修飾して，どのような話し方をするか説明しています。この場合，副詞と動詞の順番は変えることはできません。(56) では，「本当」という名詞に助詞の「に」をつけた副詞句「本当に」が副詞の「ゆっくり」を修飾して，「ゆっくり」の度合いが強調されています。そして，二つの副詞（「本当に」と「ゆっくり」）が動詞を修飾しています。この順序も変えることはできません。(57) は擬声語を副詞的に使用して，動詞を修飾しています。この場合，この擬声語と動詞を繋げる役目を果たす助詞の「と」を使用することも可能です。括弧を使用しているのは，どちらでもいいことを示しています。(58) は上で説明した複文です。従属節は主節の理由を述べていて，副詞節としての役目を果たしています。したがって，複文に使用される二つの節の順序は変えることができません。主節に使用されている副詞「とても」と副詞句の「流暢に」も順番は入れ替えができません。

4.8.　述部の時制の表示

　文章での表現や解釈には時を表すことが必要です。この時の表示のし方は，言語によって違います。例えば，英語であれば，動詞は，現在形と過去形と過去分詞という三つの活用形があります（例えば，"take; took; taken" のように）。未来は，現在形に will などの言葉を補って，表現します。未来形という活用形は存在しませんが，二つの言葉を合わせて未来を表現します。もうすでに起った過去のことは，他の言葉を補わずに過去形が使用できます。

　日本語の場合は，英語とは違い，時を軸に活用するのではなく，ある事態や動作が完了したか，あるいは，完了したことを前提にした場合に完了

124

形という活用形を使います。また，ある事態や動作が未完了であるか，あるいは，未完了を前提にした場合には，未完了形という活用形を使います。未来，現在，過去の時間の表し方は，動詞の完了形と未完了形，及び，必要な場合は，時を表す言葉を使用して，表現します。[3] これらの例は次に挙げていきます。

4.8.1. 未完了形の使用

次の例文は，述部はすべて，未完了形で，未完了の状態，あるいは，動作を表しています。

(59) 佐藤さんは日本語の教師です。
(60) この寮はいつもうるさいです。
(61) 毎日，運動します。
(62) 明日の朝，運動します。

(59) も (60) も主題の現在の状態を表しています。(61) と (62) は，述部の形が未完了形であっても，表している時は同じではありません。(61) は特定の時間とは関係なく，習慣的な行動を表現していますが，(62) は未来を表しています。この二つの区別は述部の形からではなく，時間を示す言葉である「毎日」と「明日の朝」の使用により時の解釈を行います。時間を示す言葉がなくても文脈による解釈も可能です。

次の例文には複文が使用されています。従属節に未完了形が使用されていても，すでに完了した動作を表すことがある場合の例です。

(63) 今朝，うちを出る前に，母に電話しておきました。
(64) 涼しいうちに掃除をしてしまいました。

(63) も (64) も，この文章の発話時には，「うちを出る」という動作も

---

[3] 工藤 (2014) を参照してください。

「涼しい」という状態も完了済みですが，述部の形は未完了形です。これは，主節にある「電話をする」「掃除をする」という行動をしている時には，まだ完了していない動作と状態だから，未完了形が使用されています。英語では，時制の一致をしなければいけないという規則があるために，両方とも過去形を使わなければいけません。(63) と (64) の文の意味は，英語では次のようになるはずです。

(65)　I called my mother before I <u>left</u> the house this morning.

(66)　I cleaned up the house while it <u>was</u> still cool.

4.8.2.　完了形の使用

次は，完了形を使用した文章を見てみます。

(67)　母は去年まで教師<u>でした</u>。

(68)　あの店のりんごは本当においし<u>かった</u>です。

(69)　昨日，宿題を出し<u>ました</u>。

上の文章の (67) と (68) は，ある状態がすでに完了していることを表しています。(69) では，動作が完了したことを表しています。(67) での「でした」は「です」の完了形で，ここでは，名詞述部の活用の役目を果たしています。形容詞は，名詞と違って活用形があります。(68) の形容詞の完了形は，形容詞の最後の「い」を「かった」に変えて，状態の完了を示します。形容詞におけるここでの「です」の役目は，名詞述部の「です」の役目と違い，文体を丁寧体に保つ役目のみを果たしています。(69) での動詞は動詞の最後の2音節の「ます」を「ました」にした完了形が使用されています。これは，すでに完了した動作を表しています。

次の二つの複文の従属節の動作には，完了形が使用されています。しかし，これは動作の完了した場合の条件を表した発話であって，実際に動作が完了したと伝達しているわけではありません。

126

(70)　来週，森さんに<u>会った</u>時に，その話をしておきます。

(71)　日本に<u>行った</u>時に，私に合う服を買うつもりです。

(70) の下線の部分は「会った」，また，(71) は「行った」といずれも完了形が使われていますが，これは過去の動作を表しているわけではありません。(70) では，この文章を発話している時にはまだ森さんに会っていない時で，(71) の発話もまだ日本には行っていない時の発話です。両方ともこの動作が完了した場合という条件を表す意味で完了形が使われています。英語では，時制の一致の規則がありますから，このような場合は過去形を使うことができません。英語では，上の文章は次のように表現されるでしょう。

(72)　I will talk to Mori-san when I <u>see</u> him/her next week.

(73)　I will buy a dress that fits me when I <u>am</u> in Japan.

4.8.3.　述部の否定形

日本語の述部を否定する時には，英語のように否定の言葉を述部の前に挿入するのではなく，述部にそれぞれの否定形があることを説明します。

名詞は活用できませんから，名詞述部では，助動詞の助けを得て，「です」の否定形である「ではありません」を使用します。(76) と (77) の述部の「大切」は形容名詞です。活用は，名詞述部と全く同じです。名詞述部も形容名詞述部も，完了した述部の否定は，未完了形の否定形に「でした」を加えるだけで活用形を得ることができます。[4]

---

[4] 「ではありません」の他に「じゃありません」「ではないです」「じゃないです」などの否定形がありますが，それらは徐々に導入するのが効果的です。形の違いには，意味の違いも出てきますので，それらの説明が必要です。しかし，本章では，それが目的ではありませんので，ここでは説明を省きます。このような違いは，一つずつ導入して，前に導入されたものと新しいものとを比較しながら，説明するのが効果的です。これは次の二つの形容詞述部と動詞述部でも同じことが言えます。本書では，両方共，名詞述部の説明と同じように簡素化をし，一つの形だけを例文に使用します。

(74)　今日は月曜日ではありません。

(75)　昨日は月曜日ではありませんでした。

(76)　この本は大切ではありません。

(77)　三年前も，この本は大切ではありませんでした。

　次に形容詞述部の否定形を見ます。形容詞には語彙の最後に「い」という音（文字）が存在します。形容詞述部は，この「い」を変形させて，活用を行います。形容詞述部を否定する時には，この最後の「い」を「く」に変え，その後に「ありません」という言葉を付け加えます。例えば，「日本語はやさしいです」の否定文は，「日本語はやさしくありません」となります。名詞述部と同じように，完了した状態の否定は，未完了の否定形に「でした」を付け足すことで，活用形を得ることができます。

(78)　今日はさむくありません。

(79)　今日はさむくありませんでした。

(80)　この日本語の本はよくありません。

(81)　この日本語の本はよくありませんでした。

　使用頻度の高い形容詞である「いい」は，「よい」という形を基に活用します。ですから，(80) にあるように，「いいです」の否定文は「よくありません」となります。この文の完了形の否定も，(81) にあるように，「よくありませんでした」と未完了の否定文に「でした」を加えます。使用頻度の低い例外は，その例外が導入された時に取り上げるので十分ですから，例外を多く同じところで取り上げる必要はありません。

　動詞述部の否定文には，動詞の最後の 2 音節の「ます」が「ません」に変形し，さらに，完了した動作の否定文には未完了の否定文に「でした」を付け足します。

(82)　明日，田中さんは授業に来ません。

(83)　昨日，田中さんは授業に来ませんでした。

128

(84) リーさんは中国語が話せません。

(85) 子供の時，リーさんは中国語が話せませんでした。

(86) あの人はコーヒーを飲みません。

(87) 今朝，あの人はコーヒーを飲みませんでした。

　ここで頻繁に観察される英訳の影響を取り上げます。英語では，未来の動作を表すのに，現在進行形と同じ構造を使うことがあります。例えば，明日の行動なのに，"I am going home tomorrow." と現在進行形の構造の使用が可能です。日本語の場合，継続する動作の表現はここまで説明してきた構造とは別の構造を使い，その構造では未来の行動を表すことは不可能です。ここでも英訳を頼る学習法は誤用に導くことがあるということを認知するべきです。

4.8.4. 継続の動作，状態

　ここまで述べた述部の四つの形（未完了形，完了形，未完了否定形，完了否定形）の他に，動作や状態の継続を表す構造を説明します。動作や状態の継続は，述部の接続形に動詞の「いる」を使用することで表現することができます。[5]

(88) 弟は今，友達と外であそんでいます。

(89) 母は，台所で料理しています。

(90) 父は，庭でとなりの人と話しています。

　上の三つの述部ではすべて，発話時点で主題が継続して行っている動作を表しています。しかし，動詞の種類により，同じ述部の形を使用しても，文章の意味が違ってきます。次の例文を見てみましょう。

(91) 母は，日本に帰っています。

---

[5] 接続形は，「て・で形」と省略した名称の使用も可能です。

(92)　姉は，今日，赤いセーターを着ています。

　(91)　で使用されている動詞の「帰る」は，ある出発点から目的地まで動く動作を表し，この文は主題の「母」は日本に「帰る」動作をもう完了して，そして，その目的地にいるという意味であって，動作の途中であるという意味ではありません。(92)　の動詞の「着る」は，動作を瞬間的に完了させることができる動詞です。この場合，「着る」という動作は完了して，発話時には，主題の「姉」はその赤いセーターを身に付けているという意味で，状態の継続を表しています。

4.8.5.　述部の接続形

　上の動作や状態の継続には動詞の接続形と「いる」という動詞を合わせて使用しています。この接続形は，動詞の場合，完了の意味が含まれていて，動詞の意味に含まれる状態や行動が完了した後に何かが接続されることを前提とした機能を持っています。この接続形は単独では使用できません。名称で分かるように，他の要素と接続をして，意味を表すのが特徴です。

　この接続形は他の要素と組み合わせて，多くの機能を表します。ここでは，その中から継続の機能以外の例をいくつか取り上げます。接続形は，名詞述部，形容詞述部，動詞述部に存在しますが，下の文章は，動詞述部の例文のみです。括弧の中にはこの接続形の機能を記しています。動詞の接続形の活用に関しては，下の普通体の活用の部分で説明をします。

(93)　朝ご飯を食べて，大学に行きました。[二つの行動の接続]

(94)　歩いて，大学に行きます。[方法]

(95)　明日までにこの本を読んでおきます。[準備]

(96)　難しそうですが，自分で読んでみます。[試み]

(97)　授業では日本語だけを使ってください。[依頼]

(98)　ここでは，英語を話してもいいです。[許可]

(99)　授業では，英語を<u>話して</u>はいけません。［禁止］

　上の例文以外の機能もありますが，上の各機能には，さらに制約があります。例えば，(97) の依頼ですが，ここでは，先生が学生に指示をしているような内容です。依頼のし方は聞き手と話し手の関係や依頼内容によって，違った構造を使用する必要があります。本章ではそのような細かい制約の説明を含めることはできませんが，日本語学習者には今すぐに必要でなくても，そのような制約が記述されていれば，いずれ具体的な表現などを学ぶ時にこのような全体像は必ず役立ちます。

　次は，簡単に名詞述部と形容詞述部の接続形が含まれた例文を挙げます。いずれも二つの節を接続形で繋いでいる例です。

(100)　　リーさんは三年生<u>で</u>，佐藤さんは四年生です。
(101)　　このかばんは，大き<u>くて</u>，便利ですね。

(100) の「で」は，「です」の接続形です。(101) の形容詞は接続形があり，形容詞の最後の「い」を「くて」にすると接続形の活用ができます。いずれも単文二つを接続して，一つの重文になっています。

4.8.6.　普通体の述部の活用

　ここまでの例文はすべて丁寧体を使用し，述部の活用に関しても，丁寧体を基に述べてきました。言うまでもなく，普通体での述部も活用しますし，それぞれの規則を学ぶ必要があります。実は，丁寧体自体も述部の基本形から活用されたものなのです。例えば，動詞の丁寧体は，基本形の語幹（述部の変形しない部分）に接尾辞の「ます」を付けたものなのです。語幹は，丁寧体を作成するためだけに存在しているのではなく，多くの他の要素を加え，違った意味を表すことができます。これに関して，下に少し説明を加えます。本章では，普通体の述部のすべてを細かく説明することはできませんが，いくつか取り上げて説明します。

4.8.6.1.　述部の基本形

　ここでいう「基本形」は，多くの教科書では，辞書形（英語では "dic-tionary form"）と呼ばれているものです。辞書形という名称の理由は，辞書に載る述部の形だからだそうです。しかし，この名称には問題があります。例えば，日本語には基本形から派生された動詞が多くあります。例えば，「話す」という動詞は，その形を基に派生された使役形の「話させる」や受身形の「話される」や可能の「話せる」という動詞がありますが，これらは辞書に載っていません。しかし，これらも他の述語と同じように基本形であり，それを基にして，活用が行われます。そのため，筆者は，活用の基となる述部の形は，「基本形」と呼びます。

　3 種類の述部の基本形ですが，名詞述部は，名詞，及び，形容名詞（例えば，「便利」「静か」などです）と「だ」が基本形です。この種類の述部の活用は「だ」を基として行われます。形容述部は，形容詞の最後の「い」がついた形です。例えば，「大きい」「小さい」などが基本形で，「い」の部分が活用します。動詞の基本形は少し複雑ですが，すべての動詞を三つの組に分けることができます。この三つの組分けができれば，すべての活用の学習に非常に役立ちます。

　活用形は，規則を学ばず，覚えようと思っても数が膨大であり，記憶には非常に負担になります。活用形の数と規則の数では，比べものにならないほど，規則の数の方が少ないため，規則の学習は非常に日本語学習に役立ちます。

4.8.6.2.　動詞の基本形の 3 組の組分け

　動詞は，まず基本形を学ぶことから始まります。日本語の述部は多くの形に活用しますが，すべて，基本形を基に活用します。この活用を学ぶ前に，動詞を三つの組に分類する方法を学ぶと活用の勉強に非常に役立ちます。動詞の活用は，例外も少しありますが，全体的にとても規則的です。それでは，まず，動詞の基本形を三つの組に分ける方法を説明します。

　1組の動詞は,「食べる」「みる」のように「る」で終わり,さらに「る」の前の音節は「い段」と「え段」のものです。しかし,数は多くありませんが,例外があります。「帰る」「知る」「走る」などは,「る」の前の音節は「い段」と「え段」のものですが,次の2組に属します。

　2組の動詞は,「書く」「泳ぐ」「話す」「読む」「呼ぶ」「死ぬ」「待つ」「買う」などのように「る」の音節で終わらない動詞です。「る」で終わる動詞で,「る」の前の音節が「あ段」「う段」「お段」のものはすべてこの2組に属します。1組の例外も2組に属します。

　3組の動詞は,「する」「来る」の二つだけです。この動詞は1組と2組の規則が含まれていることが多いです。日本語には名詞に「する」をつけて動詞にする場合が多いです。「勉強する」「運動する」「運転する」など多くありますが,これらはすべて3組に属します。「来る」も複合動詞に使われます。例えば,「連れてくる」「やってくる」「持ってくる」などで,これも3組に属します。

　この基本形をそのまま使用すると,普通体の未完了形として使用できます。下に,3種類の述部と動詞の三つの組を含んだ例文をいくつか挙げます。

（102）　加藤さんはこの大学の卒業生だ。［名詞述部］
（103）　加藤さんはとても静かだ。［形容名詞述部］
（104）　加藤さんの大学はここからとても遠い。［形容詞述部］
（105）　加藤さんは毎朝,早く起きる。［1組動詞］
（106）　加藤さんは毎晩,高校時代の親友にメールを書く。［2組動詞］
（107）　加藤さんは朝食の前にいつも泳ぐ。［2組動詞］
（108）　加藤さんは昼食は学校で買う。［2組動詞］
（109）　加藤さんは図書館で日本語の新聞を読む。［2組動詞］
（110）　加藤さんは来年,フランスで勉強する。［3組動詞］
（111）　加藤さんの妹さんは,来月ここに訪ねて来る。［3組動詞］

4.8.6.3.　動詞の語幹とその使用

　詳しい説明は省きますが，本書で「語幹」と呼んでいる活用形は国文法の定義とは異なります。まず，この語幹を基本形から派生するし方を説明します。1組の動詞は「る」を取り除くと語幹になります。「食べる」は「食べ」，「見る」は「見」，「起きる」は「起き」で，これらが語幹です。

　2組の動詞の基本形の最後の音節はすべて「う段」のものですが，その音節を「い段」に変えると語幹が得られます。「書く」は「書き」，「話す」は「話し」，「泳ぐ」は「泳ぎ」などです。この組に属する動詞で最後の音節が「る」のものも同じ規則で語幹を得ます。例えば，「帰る」は「帰り」，「走る」は「走り」というふうに語幹を派生します。

　3組の動詞は，まず，基本形から「る」を取り除きます。そうすると一音節しか残りません。この一音節は，両方共，「う段」の音節ですが，それを「い段」に変えます。結果は，「する」の語幹は「し」，「来る」の語幹は，「来（き）」となります。

　語幹の機能は多くあります。まず，使用度の多い丁寧体の派生を説明します。この規則は，とても簡単で語幹に「ます」を付けると丁寧体が得られます。例えば，1組からの例は，「食べます」「見ます」「起きます」などです。2組からの例は，「書きます」「話します」「泳ぎます」で，3組では，「勉強します」「持ってきます」のように語幹と「ます」の組み合わせで，丁寧体ができます。

　実は，敬語に属する5つの語彙には例外があります。例えば，「いらっしゃる」は2組の動詞ですから，規則通りに活用すると，「いらっしゃ<u>り</u>ます」となるはずですが，丁寧体は「いらっしゃ<u>い</u>ます」です。他の4つの敬語の語彙も，同じように丁寧体は，「〜ります」ではなく，「〜います」と活用します。「くださる」は，「くださ<u>い</u>ます」，「おっしゃる」は，「おっしゃ<u>い</u>ます」，「なさる」は，「なさ<u>い</u>ます」，「ござる」は，「ござ<u>い</u>ます」という丁寧体の形です。

　他に，語幹の機能を二つ説明します。一つは，話し手の願望を表す方法

です。語幹に接尾語の「たい」をつけることで，願望を表現することができます。下の例文では，普通体（112）と丁寧体（113）の両方を挙げます。ここで注意するべきことは，この接尾語をつけて派生した言葉は，形容詞述部になりますから，活用も形容詞述部として行われなければいけません。

（112）　来年は是非，日本に行きたい。

（113）　来年は是非，日本に行きたいです。

　二つ目は，語幹に目的を表す助詞の「に」をつけると，主題の行動の目的を表現することができます。例えば，日本に行く目的は妹さんに会うためであるという内容を次のように表現することができます。ここも普通体（114）と丁寧体（115）の両方の文体で例文を挙げます。

（114）　妹に会いに日本に行きます。

（115）　妹に会いに日本に行く。

　上の語幹と助詞「に」による目的表現の句は，文章の最後の動詞がある所から他の所に動く移動を示す動詞のみに使用可能です。例えば，「帰る」「戻る」「来る」などです。文章の最後の動詞が移動を示すものでなければ（例えば，「勉強する」「使う」など），目的表現は，語幹と「に」で表すのではなく，基本形と「ために」を使用するのですが，ここでは詳しい比較は控えることにします。

4.8.6.4.　普通体の述部の否定形

　普通体の述部の否定形は次のように活用させます。名詞述部は基本形の「だ」の否定形である「ではない」を使用します。形容詞には否定形があります。形容詞の基本形の「い」を「く」に変え，「ない」を付け加えると，普通体の形容詞の否定形を得ることができます。名詞述部と形容詞述部の否定形を含めた例文を挙げます。

(116)　リーさんの出身は，ニューヨークではない。

(117)　ニューヨークのアパートは大きくない。

　動詞の普通体の否定形は，1 組は，最後の「る」を取り除き，「ない」を付け加えて，否定形を作ります。例えば，「起きる」は「起きない」です。2 組は，最後の音節の「う段」を「あ段」に変え，「ない」を付け加えます。「書く」は「書かない」，「話す」は「話さない」です。「会う」のような基本形が母音の「う」で終わるような動詞は注意をする必要があります。この「う」は元は，わ行の「う段」であったために，否定形は，「会あない」ではなく，「会わない」となるということに注意が必要です。3 組の「する」は「しない」，「来る」は「来（こ）ない」と不規則ですが，これは数も少ないので，覚えるのがいいかもしれません。三つの組の否定形を使用した例文を挙げます。

(118)　ルームメートは，朝 10 時頃まで起きない。

(119)　母は英語をうちでは話さない。

(120)　週末は，絶対に勉強しない。

(121)　友達は今日は部屋に来ない。

　ここに例外がひとつあります。動詞の「ある」は，2 組動詞で，上で説明した規則に従うと否定形は「あらない」となりますが，この動詞の否定形は始めの 2 音節は使用せずに最後の 2 音節の「ない」だけを使用します。例えば，「今月は，お金も時間もない」などのようにです。

4.8.6.5.　普通体の述部の完了否定形

　述部の活用で，完了否定形が一番，簡単な規則かもしれません。上の例で分かるように，すべての述部の否定形は「ない」がついています。実は，この形は形容詞と同じなのです。形容詞の完了形は，「い」を「かった」に変えることで得ることができます。したがって，すべての述部の完了否定

形も，「い」を「かった」に入れ替えることで作成できます。次の例文は上の否定形を使用した例文を完了形に変えたものです。

（122）　リーさんの出身は，ニューヨークではなかった。
（123）　ニューヨークのアパートは大きくなかった。
（124）　ルームメートは，朝 10 時頃まで起きなかった。
（125）　母は英語をうちでは話さなかった。
（126）　週末は，絶対に勉強しなかった。
（127）　友達は今日は部屋に来なかった。

4.8.6.6.　普通体の述部の完了形

　上の完了否定形はとても簡単ですが，普通体の完了形は活用の中ではかなり複雑なものです。それでも規則の数は実際に存在する動詞の数より比べものにならないほど極端に少なく，初めて聞いた動詞でも正しく活用できるという強力な利点があります。

　名詞述部と形容詞述部の完了形は簡単です。「だ」の完了形は「だった」で，形容詞述部の完了形に関しては，すでに上で説明済みですが，形容詞の「い」を「かった」に置き換えるだけです。ここでは，主に動詞述部の完了形の説明を行います。

　1 組はいつも規則が一つだけです。完了形は，基本形の「る」を取り，「た」をつけて作成します。「見る」は「見た」，「食べる」は「食べた」となります。

　2 組は基本形の最後の音節によって違ってきます。まず，「く」の音節を持つ動詞は，「く」を「いた」に変えて作成します。「書く」「歩く」は，「書いた」「歩いた」になります。ここに例外が一つあります。それは，頻繁に使用される「行く」です。「行く」の完了形は，「行った」です。これは例外として覚えるのがいいでしょう。「ぐ」の音節を持つ動詞の完了形は，「いだ」となります。例えば，「泳ぐ」「騒ぐ」の完了形は，「泳いだ」

「騒いだ」です。「す」の音節を持つ「話す」「貸す」は「す」を「した」に変えて作成します。ですから,「話す」「貸す」は,「話した」「貸した」になります。次は,「ぬ」「ぶ」「む」の音節のものは,「んだ」に入れ替えます。「死ぬ」「呼ぶ」「読む」の完了形は,「死んだ」「呼んだ」「読んだ」です。最後に,「つ」「る」「う」の音節のものは,「った」に入れ替えます。「待つ」「帰る」「買う」の完了形は,「待った」「帰った」「買った」です。これらを次の表にまとめてみます。次の表は,動詞2組の完了形の規則をまとめたものです

基本形の最後の音節の入れ替え	例（基本形）	完了形	例外
く → いた	書く, 歩く	かいた, あるいた	行く → 行った
ぐ → いだ	泳ぐ, 騒ぐ	およいだ, さわいだ	ナシ
す → した	話す, 貸す	はなした, かした	ナシ
ぬ, ぶ, む → んだ	死ぬ, 呼ぶ, 読む	しんだ, よんだ, よんだ	ナシ
つ, る, う → った	待つ, 帰る, 買う	まった, かえった, かった	ナシ

　3組の「する」と「来（く）る」は,「した」と「来（き）た」で,この二つの動詞は,両方とも音節の音が変わります。

　このすべての動詞の完了形は,実は他の活用形を学ぶのに非常に役立ちます。前に接続形（て・で形）の使用を説明しましたが,この動詞の接続形は,完了形の最後の音節の「た」「だ」を「て」「で」に変えるだけで接続形を得ることができます。他に条件を表す「たら」(「見たら」「話したら」「買ったら」)も完了形に「ら」を加えるだけで得られます。もう一つ,行動を代表する「たり」という活用形がありますが,これも完了形に「り」という音節を加えるだけで完成です。ここでも規則の理解が活用の学習にいかに役立つかが分かります。

4.9. 主語や目的語などの文法用語に関して

　ここまでは，文法用語は，主題と述部は説明しましたが，主語や目的語の説明は省いています。品詞の助詞，名詞，形容名詞，形容詞，副詞，動詞は簡単に説明しています。文法用語の説明には，母語が英語話者の学生には英語と比較しながら，違いなどに焦点を置くのも効果的です。本章では，その方法は取り入れていませんが，実際の文法書には，できるだけ多くの例文を使い，説明することが必要です。

　ここでは，単文の骨組みに書いてある述部の中の主語と目的語に関して説明します。まず，次の二つの文を比べてみます。

（128）　ジョーンズさんは目が大きいです。

（129）　ジョーンズさんは大きいです。

　（128）の文では，ジョーンズさんが主題ですから，述部の「目が大きいです」は，ジョーンズさんについて述べています。形容詞の「大きい」は「目」について述べていますが，主題のジョーンズさんについてではありません。このような場合，主語の「目」がなければ，大きいのは目であるという意味は伝わりません。（129）の文章では，主語はありません。それは，述部は主題のジョーンズさんについて述べているからです。次に，下の二つの文章を比べてみましょう。

（130）　ジョーンズさんは目がきれいです。

（131）　ジョーンズさんは自分の目がきらいです。

　（130）の文では，述部の「きれい」は，主題のジョーンズさんの「目」についてであり，この「目」という主語がなければ，きれいなのは目であることは解釈できません。（131）では，述部は「きらい」であり，この感情の持ち主は，主題のジョーンズさんです。ジョーンズさんがきらいだと思っているのは，自分自身の目で，この「目」はきらいという述部の対象

ですから，主語ではなく目的語です。ですから，ここでは，「が」という助詞は「目」に役割を与えていますが，一つは主語で，もう一つは目的語で，述部の言葉によって「が」の機能が異なります。本章の始めの方で，どの助詞にも複数の機能があることを説明しましたが，この「が」もその例に属します。

　「主語」という文法用語は日本語研究の上でも落ちつかない用語の一つです。第2章で述べたように，日本語には主語はいらない，あるいは，主語廃止論などという論点もありますが，いずれも，何を主語とするかを明らかにしたうえでの議論が必要です。本書では，この論議に関しては触れませんが，日本語学習に関連のあるところだけを簡単に触れておきます。多くの教科書では，本書で「主題」としているところを「主語」という名称で呼んでいます。しかし，日本語において，(130)のような文章の「は」の前の名詞と「が」の前の名詞の役目が何であるのかを考える必要があります。述語というのは，「なにかについて述べる言葉」のことです。(130)の述語は，なにかが「きれい」であると述べています。この文章が述べている「きれい」なのは，ジョーンズさんではなく目です。ある学者は，「は」の前の名詞は「大主語」で，「が」のついた名詞は「小主語」という名称をつけています。[6] 筆者は，「主題」と「主語」を使い分けます。「主題」は単文には必要なもの（省略されることはあっても）ですが，主語は述部の中の一部であり，主題との関係は，主語は主題に属する一部であり，伝達には必ずしも必要な要素ではないものとします。

　では，「が」のつく名詞に戻ります。ここでは，「が」のつく名詞には，主語と目的語の両方の役目をしていることを観察しました。次は目的語に関しての例文を比べてみます。

---

[6] 三上章（2002: 102）に大久保・松山編の『文法教室』から参照したものが説明されています。

(132)　チャンさんは日本語<u>が</u>話せます。

(133)　チャンさんは授業では日本語<u>を</u>話します。

(132) の文章の動詞は，「話せます」という「話すことができる」という能力や可能性を示した言葉です。(133) の文章の動詞は，「話します」という話すという動作を示した言葉です。上の例文の両方とも「日本語」は動詞の目的語ですが，助詞が違います。日本語では，動きのない状態（ここでは能力や可能性）の動詞の目的語には「が」を使用し，動きを示す動詞の目的語には「を」を使用します。

4.10.　「玉ねぎ構造」を持つ日本語

　学習者が複文を学ぶころになると，読解などで与えられる文章がとても長くなることがあります。そのような時，文頭にくる主題とその述部が遠く離れた文構造などを読んだ学生がその文章の意味の把握をするのに苦労することがよくあります。

(134)　私は，<u>日本語は</u> <u>とても難しい言語だ</u> と思っています。

　上の文章は，話し手が日本語について述べている文です。主題は，「私は」で，その主題を述べる述部は一番最後にある「思っています」です。そして，話者が思っていること，つまり，「日本語は難しい言語である」という文章が埋め込まれています。この埋め込まれた文章は，この文章の内側にあり，「日本語は」という主題に「難しい言語だ」という述部で成り立っています。

　この二重の主題と述部の関係は，丁度，玉ねぎのような構造をしています。玉ねぎを半分に切り，切った側面を下にしておいた場合の形を想像してみてください。一番外側の左端と右端が繋がっていて，それをむくと，次の中にある，左端と右端が繋っています。ですから，外側の左端と右

端の関係は、「私」と「思います」の主題と述部の関係，そして，それをむくとその次にある左端と右端の関係は、「日本語」と「難しい言語」の主題と述部の関係です。次にもう一つの外側の「主題」と「述部」を加えてみます。

（135）　<u>先生は，</u>私が $\boxed{\text{日本語が}}$ $\boxed{\text{難しい言語である}}$ と思っていることに<u>驚いていらっしゃいます。</u>

　上の文章では，一番，外側の主題は「先生」で，その主題の述部は、「驚いていらっしゃいます」です。これは二重の線で示しています。そして，その中には，一重の線で示した文と枠で囲まれている文の二つの単文が埋め込まれています。このような文章を構造把握の理解なしに英語のように左の語彙から順番に訳す学生にはこの文章の意味は把握できません。

　この玉ねぎ構造は，日本語の文構造の形を理解するのにとても大切な特質で，それを学習者にできるだけ早く伝えておくと，学習の上達に大きな助けとなります。学習者はすぐにこれが理解できないかもしれませんが，いろいろな文構造を学んでいく過程の中で，必要な時にはこの概念に戻ると，有益な知識となります。筆者も何度も観察済みですが，この構造の把握のない学生は日本語学習の上達が止まってしまいます。

　さらに困難になるのは，このような構造に省略がある時です。上の文章では，「私が」が省略できます。それは，その述部の「思っている」というのは，日本語では，話し手の思考であるという解釈しかできないために省略が可能になります。この省略の論理が理解できない学生は、「思っている」のが「先生」であるという解釈をする可能性があります。

4.11.　発音に関して

　日本語の音は比較的発音しやすいのが特徴です。それでも，ラ行や「ん」の撥音，長音，促音には始めから悪い癖をつけないようにするのと，長音

や促音を怠ると言葉の意味が違ってくるなどという事実を教えておくことが必要です。始めから気を付けて，できるだけ正しい発音を自動化にもっていくことが重要です。ラ行など，英語式の /r/ での発音が化石化すると，非常に直りにくく，学生も教師も化石化した後の訂正には非常に苦労します。

数字の発音は数詞がつくと変わることがあります。それもある程度，規則的な教え方ができます。例えば，数詞が付くと，1, 3, 4, 6, 7, 8, 9, 10 の発音に注意しなければいけない場合が多いです。例えば，1 本（いっぽん），2 本（にほん），3 本（さんぼん），4 本（よんほん），5 本（ごほん），6 本（ろっぽん），7 本（ななほん），8 本（はっぽん），9 本（きゅうほん），10 本（じゅっぽん）というように変わります。これと同じように数詞が百の単位であれば，同じ，発音の変化が起こります。100（ひゃく），200（にひゃく），300（さんびゃく），400（よんひゃく），500（ごひゃく），600（ろっぴゃく），700（ななひゃく），800（はっぴゃく），900（きゅうひゃく）などです。

複合語も発音に影響します。二つの語彙を繋げて一つの語彙にするときには，二番目の語彙に濁音が起こることがよくあります。例えば，「話（はなし）」（物語の意味）が「昔話（むかしばなし）」というように二番目の語彙である「はなし」の「は」が濁音になります。

その他，発音に関する情報は多くありますが，ここでは上の例に留めておきます。

4.12.　日本語の使用においての特質

これまでは，大まかに日本語の構造を中心に例を与えながら，重要な点を選んで取り上げました。ここでは，日本語の文章を実際に使用する時に，どのような現象が観察できるかを中心に述べていきます。

産出された文が構造的には決まりに沿った文章であっても，その文章の

使用が発話の場に適切であるとは限りません。この領域は文化的なことが多く，日本語学習の初日から日本語学習にはこのような現象が存在するという事実を話しておくと具体例を少しずつ導入する時に効果的です。ここでも，多くの要素がありますが，いくつかの例のみを挙げてみます。

　初級でよく観察できるのは，先生に「あなた」という代名詞を使用したり，「じゃ，またね」など話す場の適切性の学習が不完全な場合に使用される発話です。最近は，ネット上で日本語を習ったりする機会が多く，いろいろなことを知っている学生がいます。この場合，断片的な情報を持っている学生が多く，文の使用上の適切性などを把握していない学生が英語の表現を直訳した日本語を使用することがあります。これが，誤用になることが多く，このような誤用は，学習時期のできるだけ早期に誤用であると伝えるべきです。

　特に会話によく使用されますが，会話の聞き手としての相づちだとか，同意の表現，反対の意見の述べ方などは，その国，その国の文化が表れます。どの言語でも，会話においての表現の適切性というものがあります。どんなに文法的に正しい文章であってもその場に適していない表現を使用していては，その外国語を学習したとは言えなくなります。

　場の適切性に関しての決まりも無限にあり，多くの場合，表現の適切性は，学生が指導なしで判断することはできません。ここでも，全体像を与えることが効果的です。その全体像から，具体的な表現の指導をすることが効果的な学習に繋がります。

　例えば，意見を述べる時に，賛成や反対の表現を「賛成です」，あるいは，「反対です」と言うより，相手の意見の内容を理解していることをまず，示してから，自分の意見を言う方が協力的な会話のし方になるというような情報です。

4.12.1.　文中要素の省略
　単文の構造の説明には，どのような要素が単文に含められるのかという

情報を与えますが，実際に言語を使用する時には，単文中のすべての要素を発話する必要はほとんどの場合ありません。日本語では，聞き手が知っているだろうと話し手が判断した場合，主題であっても，述部であっても省略することができます。会話では，多くの要素が頻繁に省略されます。次の短い会話を見てください。

（136）　日本語の宿題しましたか。
（137）　いえ，まだです。[7]

　この会話の（136）では，主題（ここでは，聞き手）が省略されていますし，（137）では，主題も述部も省略されています。それでも意味は通じます。書く時には（特に正式なもの），省略現象は会話ほど起こりませんが，それでも，省略は頻繁に観察できます。

　省略という現象は実は，複雑な現象で，それを十分に学び，上手に使用できるまで時間がかかります。しかし，そのような現象があるという事実は，始めから知っておいた方がいいでしょう。日本語の学習者で，特に英語が母語の学生は，省略をする部分が少なすぎるため，不自然な日本語を産出することが多くあります。例えば，どの文章にも「私は」から始めたり，質問する時に「あなたは」から始めたりすることで，不自然な発話をすることが多々あります。

　しかし，反対に，日本語では省略をした文の方が自然だからと言って，学生が何を省略しているのか理解しないままある文を覚えさせると，問題が生じます。それは，省略された要素が何であるのかを知った上で省略するのと，省略された部分が何か知らないで文だけを覚えるのとでは，学習の結果が違ってくるからです。第三者が話したり，書いたりした文で何が省略されているのかが理解できないと，文全体の解釈ができなくなります。ですから，構造を勉強している時には，「自然な発話」を勉強してい

---

[7] ここでの「です」の機能は，「宿題をしていません」を省略した時のものです。

るのではなく，言語の仕組みを勉強しているので，始めは，すべての要素を入れて，構造把握をし，その後で，どの部分の省略が可能なのかを徐々に学んでいくのが効果的な学び方です。

4.12.2.　感情表現

　日本語での感情表現は，話し手のものである場合と第三者のものである場合に区別をつけるのが特徴です。次の例文を見てみましょう。

(138)　今，私は，とても寂しいです。

(139) *今，友達は，とても寂しいです。

(140)　今，友達は，とても寂しがっています。

(141)　今，友達は，とても寂しいようです。

(142)　I am lonely.

(143)　My friend is lonely.

　（142）と（143）の英文の例文は，寂しいという気持ちを一人称の時でも三人称の時でも同じ形容詞を文に使用することが可能であることを示しています。しかし，日本語では，第一人称の感情は（138）のように，形容詞の「寂しい」を使用することは可能ですが，（139）のような第三人称の寂しい気持ちは形容詞では表現できません。この場合は，（140）のように「寂しがる」という動詞を使用したり，（141）のように形容詞の後に「ようです」という法（モダリティー）をつけ，話者の観察であることを示したりして，表現します。さらに，（140）と（141）の文には違いがあります。前者は，話者が実際に友人が寂しいというのを知っていて，今のその状態をだれかに伝えているものです。後者は，いろいろな情報から話者は友人は今，寂しいのだろうと判断をして，第三者に伝えているのがこの文の意図です。

146

4.12.3. 述部の法（モダリティー）

上の（141）の例文には，「ようです」という話者の観察を示す言葉が使用されています。このように述部の後に来る話者の発話の意図の部分を，言語学では「法」あるいは「モダリティー」と言います。[8] 例えば，主題について述べた内容が話者の否定したいことなのか，理由付けなのか，推測なのかなど多くの情報を付け加えるのが「法」の部分です。

(144)　明日は，授業に行かない<u>つもり</u>です。
(145)　田中さんは，明日，授業に行かない<u>らしい</u>です。

上の（144）の場合，述部は，「行かない」という動詞の否定形が使用されていて，その後の「つもり」は話者の意図を示します。ですから，（144）の例文のように主題に第一人称の「私」や「僕」が発話に省略されていても，主題がだれであるかという解釈は，「つもり」の使用で分かります。（145）では，主題が第三者である「田中さん」で，述部は否定形の「行かない」です。「らしい」は，伝聞を示し，その情報は話者が田中さん自身から聞いたのか他の人から聞いたのかは分かりませんが，だれかから得た情報を伝えているのだということが分かります。日本語では，このような「法」（モダリティー）が多く使用されます。それぞれ微妙な意味の違いがありますから，その違いを学習することは「自然な日本語」を学習することに深く繋がります。

4.12.4. 待遇表現

言うまでもなく，人間の言語は，話し手と聞き手がいるから存在しています。その言語を使おうとする時に話し手はそれが無意識であっても，自分と相手の関係を見極めてから行動に移ります。話し手が学生であったと

---

[8] 飛田（2007: 194-195）では，モダリティーは，「話者の心理的態度を表す文法カテゴリー」であると定義されています。

します。この学生が学長に話す時と同級生と話す時では，それが何語で
あっても違った話し方を選ぶはずです。これを待遇表現と言いますが，待
遇表現の表し方は，言語によって大きく違います。

　日本語には先に述べた普通体と丁寧体という文体があると説明しまし
た。例えば，母語話者であれば，話す時は，相手によって，普通体を使用
するか丁寧体にするか瞬間的に決めていきます。それだけではなく，日本
語には，敬語と謙譲語というのが存在しています。敬語は相手を敬う表現
で，謙譲語は話し手自身の表現に関しての謙虚な表現です。これらは，名
詞，代名詞，形容詞，動詞などに現れます。日本語の敬語は，非常に複雑
で，母語話者であっても，適切に敬語を使えるようになるには，時間がか
かります。ここでは，簡単に，文体と敬語がどのように日本語の文章に使
用されているのか見ていきます。

（146）　森先生は，研究室に<u>いらっしゃいますか</u>。
（147）　森先生は，研究室に<u>いらっしゃる</u>？

（146）と（147）の文は，ある大学で発話されたものだと想像してみてく
ださい。上の文は，両方とも文脈がなくても，話し手がだれに質問を投げ
かけているのかが分かります。まず，上の二つの文は，森先生についての
質問です。動詞の「いらっしゃる」は森先生に対しての敬意を表している
敬語です。この敬語が，（146）では丁寧体が，（147）では普通体が使わ
れています。これらの文体は，話し手と聞き手の関係を示しています。
（146）の聞き手は，話し手の同級生ではなく，あまりよく知らない人かも
しれませんが，（147）の聞き手は，話し手がよく知っている同級生なのか
もしれません。

　前にも述べましたが，敬語を適切に使用することは，日本語が母語であ
る者にとっても，決して易しいとは言えない言語使用の領域です。しか
し，この現象が難しくても無視するわけにはいけません。学習者自身が上
手に使えなくても，まず，その存在自体については学習の始めの方に伝え

148

ておくといいと思います。実践においては，考え方をまず指導し，少しず
つ使用頻度の高い具体的な表現から練習していくのがいいでしょう。

4.12.5. 話し手自身や身内の長所を取り上げた表現

　米国の学生が自分自身のことを述べる時に自己の長所を取り上げて話す
ことに躊躇しない場合が多くみられます。例えば，「僕はとても親切な人
だから，…」，「私はピアノが上手です」などの話し手自身についての表現
は珍しくありません。これは話し手自身でなくても，親である話し手が自
分の家族のことに関して話す時も同じです。「うちの息子は，非常に頭が
よく，親切で，…」と言うように，日本では聞かない発話をすることがあ
ります。これは文化的なことで，日本語を勉強するからには，このような
表現はしない方がいいという情報を与えることも非常に重要になってきま
す。

4.12.6. 会話においての相づち

　相づちは，会話をしている時，相手の話を「聞いていますよ」というこ
とを相手に知らせる方法の一つです。日本語の会話では，英語での会話よ
り，相づちを頻繁にするようです。日本語では，相づちをしなければ，相
手の話を聞いていないような感じを与えるからです。英語では，相づちを
し過ぎると相手の話の邪魔になると思われるようで，ここでも文化の違い
が観察できます。

　実際の相づちのし方は，相手によって違いますし，相づちの種類も無数
にあります。身振りなどの相づちもありますが，言語を使用した相づちを
例として挙げると，次のようなものがあります。

（148）　なるほど。〜さんのお考えはよく分かりました。
（149）　えっ？そうなんですか。
（150）　あ，そうだね。そういう見方もあるよね。

　日本語では，相づちも話し手と聞き手の関係が影響しますし，それらの中にも微妙なニュアンスが含まれています。それに相づちは抑揚や，手や顔の表情も伴うことがあり，完全な学習には時間がかかるでしょう。対話の行われている状況が違えば，相づちのし方も違ってきます。話し手は，それらの要素を即座に判断する必要があります。ここで大切なことは，相づちはどの言語にも存在しますし，その機能は相手の言うことを聞いているということを伝えるためで，表現自体や相づちの頻度は，言語により大きく違います。ですから，学習者の母語の表現の直訳をしない方がいいということは，学習において大事な知識となります。

4.12.7.　慣用句

　どの言語にも文構造だけでは説明不可能な慣用句というものがあります。日本語での例を挙げると，「気」という名詞が他の動詞と一対になって使用される慣用句が多くあります。例えば，「気にする」「気になる」「気を付ける」「気が緩む」「気が強い」など多数存在します。同じように，「足」「胸」「目」「耳」など多くの体の一部の名詞に動詞をつけた慣用句があります。例としては，「足を洗う」「胸を痛める」「目にする」「耳を澄ます」などです。他には，四字熟語といって 4 つの漢字を組み合わせた慣用句です。例としては，「一長一短」「自業自得」など多くの四字熟語が存在します。諺もこの種に属するでしょう。「七転び八起き」「三日坊主」「棚からぼたもち」などは学生にとって楽しい学びになるようです。四字熟語も諺も多くの辞書が存在しますから，教師たちにとっては，これらの導入は資料も豊富で適切な時に授業で使用できるものばかりです。一度に多く導入するのは効果的ではありませんが，授業の切れ目のいいところや息抜きが必要な時などに，一つずつ導入すると学習が楽しいものになってきます。

150

4.12.8. 書き言葉と話し言葉

どの言語においても，書き言葉と話し言葉には，相違点が多くあります。言語によってその相違点は違いますが，違いがあるという事実を学習者に伝え，その違いを徐々に指導していくと，学習に効果的です。ここで気を付けるべきことは，声を使うから話し言葉，文字を使うから書き言葉という単純なものではないということです。声を使っても，講義をする時と学生同士が寮で会話をする時とでは，話し方が大きく違ってきます。同じように，文字を使う時も，携帯のテキストを親友同士でやり取りをするのと，学術書に投稿するための記事とでは，言語の使用には非常に大きな違いがあります。このような違いはどの言語にも存在し，学生たちには，この違いの存在を認知させ，少しずつ，話し言葉と書き言葉を別々に指導すると分かりやすいという認識は教師にとって大事です。

4.13. 永久に進行中の文法記述

世界の言語は7千以上あると言われていますが，その7千以上の言語はすべて人間の間の伝達を目的として使用されています。[9] どの言語もそれぞれ特有の決まりがありますが，人類の間の言語の違いはそれほど数があるわけではありません。世界の言語には，普遍的な部分と各言語特有の部分とがあります。これは，人間についても言えることです。例えば，人間は，一人一人，容姿が違いますが，人間である以上，だれも同じ組み合わせの骨，その数，内臓の種類からできています。そして，それらの機能も同じです。

世界の言語は，どの言葉にも音と意味があります。そして，それらの語

---

[9] 世界の言語の数は書物によってかなり違いますが，参考の一つとして，Ethnologue (https://www.ethnologue.com) は，2022年7月現在，7,151の言語が存在していると伝えています。

彙を合わせて文を産出し，どんな複雑な伝達内容も表現できてしまいます。嘘をつくこともできます。感情を表すこともできます。命令もできます。このような，普遍要素は数えきれないほどあります。外国語学習は言語の普遍性があるからこそ，学習が可能なものとなっているのです。

　それと同時に，人間の外見と同じように言語の間には違いも多数あります。その違いを少しずつ理解し，言語の使用を練習しながら，学んでいきます。その学ぶ内容は，学習者の母語と似ているものもあるし，まったく違うものもあります。

　本章の目的は，学習者のための日本語文法記述の提案であるため，いくつかの例を挙げることで終わりますが，実は，実際に包括的な文法書が完成したとしても，常に更新が必要となってきます。言語は常に変化していますし，母語であっても使用のし方が常に同意されているわけではありません。日本語の場合，この日本語使用の揺れは，前にも参考として挙げた文化庁文化部国語課による平成 7 年から毎年実地されている『国語に関する世論調査』に現れています。

　ラガナ（1988）も言っているように，日本語には，一般に受け入れられている規範文法のようなものは存在しません。そのためか，文法説明に使用される用語なども統一されていません。例えば，日本語学習者にとっては苦労の種となる助詞の例を挙げると，頻度から言えば，一番多いのではないかと思われる「は」と「が」においても，この二つの助詞の名称や使用の違いなどの説明や整理もまちまちです。日本語教育事典のようなものは存在しますが，必ずしもその事典の用語や内容を日本語教師が取り入れているわけではありません。[10] したがって，本書で使用する用語も筆者が適しているものと判断した用語を使用しています。用語に関しては，定義をした上で使用するよう努力はしているつもりですが，定義にとらわれすぎると議論が前に進まない可能性もあります。日本語教育の分野では，こ

---

[10] 例えば，日本語教育学会（編）（2005）を参照してください。

の状態がしばらくは，あるいは，永久に続くのではないかと想像しています。

4.14.　次の章への繋ぎ

　包括的な文法記述が学生に役立つものであったとしても，その記述を読み，理解するだけでは，その言語を学習したことになりません。文法記述とその理解は，学習する言語の骨組みで，四技能の学習においては避けることのできない大事な基盤を作り上げるものです。しかし，「外国語ができる」という言葉の意味には，その外国語を使用して，話し手が意図したことを聞き手に伝達することに成功することです。伝達のし方も，声で伝えるのと文字で伝えるのとでは，違った学習が必要になります。次の章では，このような文法記述をどのように日本語の四技能の学習，及び，指導の実践に使うかという点を中心に筆者の勤務校での状況を実践の一例として説明します。

第5章　文法を基盤とした四技能指導実践の一例

5.1.　はじめに

　本書では，外国語としての日本語指導における文法の定義を提案し，その文法を基盤として，日本語での伝達の行い方を学習者は学んでいくという提案を中心に論じています。しかし，日本語の各四技能の学習において，文法を提示するだけで，それぞれの技能の学習が成り立つわけではありません。言語運用の学習には，技能別の練習が必要です。それは，第2章でも述べたように四技能の処理過程は，脳の違った部位で行われるために，一つの技能が別の技能に完全に転移することはないからです。

　最後の章である本章では，筆者の勤務校で構想し，実践へと試みている文法指導を軸としての四技能の指導例を取り上げ，説明します。ここで述べることは，あくまで一例にすぎません。大学によって，事情は違います。ですから，本校での実践を他の大学でも試みるべきであるというような意味は全く含まれていないことを強調しておきます。

　本章で説明する実践は，かなり長い年月を費やしてできたものです。授業内容や指導法を変えるということは，始めに特定の疑問が生まれ，そこから考察が始まり，その後，実践を試みるという過程を通ります。変更しようとする項目が多い場合，それらを一度に変更したのでは，何がどのよ

うな結果を生んだのか分からなくなります。ですから，本校の日本語科で，一度に変更できるものは，いつも小さなところからでした。その中でも，すべてが思い通りにいったわけではなく，いい結果が出たものは残し，それほど芳しくない結果が出た場合には，再考するといった繰り返しを 20 年以上続け，現在の形になってきました。現在でも考えのまとまっていないことも多々あります。その理由は多くありますが，一つには，学生の多様化が進み，そのために指導もその度に少しずつ再検討が必要になってきているからです。このような事態は，これからも続くであろうという前提のもとで現在の実践の一例を説明します。

5.2. 日本語指導の場の様々な事情

米国では，日本語指導における事情が大学によって異なります。例えば，それぞれの大学の総学生数はまちまちであり，また大学自体の方針も違います。時々，日本語の履修生数の報告をすることがありますが，それぞれの大学の事情の違いを把握しないで数だけ見ても，それほど意味のあるものではないかもしれません。

事情の違いの一つの例を挙げてみると，一クラスの履修生数を 15 名，あるいは，20 名などというふうに制限している大学もありますし，制限を全く付けていない大学もあります。指導時間数も，週 3 時間（1 時間を何分とするかも違いがあるようです）にしている大学もありますし，週 5 時間，あるいは，5 時間以上の大学もあります。また大学により，二学期制，三学期制と一年の学期の分け方や一学期の期間の長さも異なります。

教え方も各大学によって大きく違います。例えば，教師が新しい課の内容を講義し，その時間内か，あるいは，次の日に学生に練習させるという形式をとるところもあります。学生の練習においては，一クラスの人数をさらに少なくして，練習させる大学もあり，また，一クラスの学生数は変更せず，次の日に練習させる大学もあります。講義式の授業と練習の授業

の日にちは変えないで，授業内で両方行う方法を取り入れている大学もあります。指導においての言語使用に関しても，初心者向けの授業では，導入の時には英語で行うところと，イマージョン教育のような指導方法をとり，すべて日本語で指導をする大学もあります。導入と練習の後には，頻度や量や長さも大学によって大きく異なるようですが，多くの場合，試験を学生に受けさせます。また，成績は何を基につけるかも，大学によって違います。例えば，一学期のうちに，口頭試験や筆記試験を何度か行い，その出来具合を基に成績をつけるという評価方法もあれば，出席などを重要視して，成績をつける学校もあるでしょう。ここで述べた違いはほんの一部だろうと思います。ものごとは十人十色で，筆者がまだ観察をしたことがない多くの他の事情があるに違いありません。

5.3.　本校の事情

　大学と言っても，米国には多くの種類の大学が存在しますが，筆者の大学はリベラル・アーツ・カレッジで，大学院はなく，学部生のみの大学です。多くの授業は少人数で行われ，履修科目の選択も自由で，一般教養などの必須科目がない大学です。学生たちは入学時期に指定された各アドバイザーとの話し合いで履修科目を選択していきます。学生は，遅くとも大学の2年目の後半には専攻分野を決め，その後は専門分野でのアドバイザーに指導を受けるという仕組みになっています。[1]

　また，当大学は単位制ではなく，一教科を「一」と数え，各学生は一学期四教科を履修するのが普通となっています。大学を卒業するまでに，学生たちは，普通は，最低限32教科を修了します。

---

[1] 学生が科目を自由選択できる教育課程は米国では "free curriculum" と呼ばれています。米国のリベラル・アーツの大学とは，卒業後の職業の訓練の場でなく，人間として教養を身に付けることを第一目標とした教育の場としての大学のことを指します。

日本語は，他の教科と同じく四教科の一つとして履修されます。米国で
は，日本語や中国語の授業は，難易度の高い外国語とみなされ，授業時間
数は他の教科よりも増やしたり，他の教科よりも多くの単位を与えたりす
る大学もありますが，この判断は大学によります。本校は日本語の授業
は，四教科のうちの一教科としてみなされ，授業時間数は普通の教科より
多いですが，一学期に日本語履修生が得る単位数は，他の教科と同じで
す。

本大学には，日本語の専攻は選択肢にありませんが，アジア言語・文化
学部の専攻があり，その中での選択肢として日本研究を選ぶことができま
す。日本研究を選んだ場合には，日本語が必須科目に指定されています。[2]
日本研究を専攻した場合，学生は，日本語学習三年目同等の日本語能力が
必要であるとされています。学生たちは，大学内では専攻を二つまで選ぶ
ことができ，日本研究の専攻を選ぶ学生の多くは，二つの分野を専攻して
いるようです。日本研究以外の二つ目の専攻は，例を挙げれば，経済学，
政治学，コンピュータ・サイエンス，物理学，数学，生物学，化学，英米
文学などと，かなり独創的な組み合わせを学生たちは試みているようで
す。その上，日本語履修生は，必ずしも日本研究の学生ではなく，その多
くは，様々な理由で日本語に興味があるために，日本語を学んでいるよう
です。大学在学中は日本研究を専攻しなかったにもかかわらず，卒業後も
日本語学習を続けている学生が多いのが印象的です。

5.4. 本校での疑問から生まれた構想から実践への過程

本校での日本語の授業についての説明に移りますが，現在の指導の形を
取る以前には，いろいろと違った指導方法を試してきました。しかし，ど
の段階においても課題が山積みされ，少しずつ解決法を考え，今の形にし

---

[2] 学部の英語での名称は，Department of Asian Languages and Civilizations です。

てきました。簡単にこれまでの経路を説明します。教科書においても会話
で始まるコミュニケーション重視のものを使用したこともあります。その
ような教科書には，文構造の説明もついていましたが，それは文型的な構
造を英訳にするのがほとんどでしたし，説明があっても非常に簡単なもの
でした。日本語の授業は，週 5 日（1 日 50 分）で，次のような順序で指
導を行っていました。新しい課は，筆者の英語での講義で始まりました。
教科書で新しい構造や語彙使用などについて説明が足りないと判断したと
ころは，筆者が補足をするということが常でした。その次の日は，前日の
講義をもとにした学生の練習の日で，幸いにも助手の方がいましたので，
その方にお願いして，できるだけ日本語で主に話す練習に時間を使っても
らっていました。学生の練習は，できるだけ小グループにするように試み
ましたが，助手の方の時間も限られていましたので，いつも目標に達した
とは言い難い状況でした。練習の授業は，学生が多ければ，一人一人に発
話させることは困難でした。その理由は，一人ずつ発話をさせると，他の
学生を待たせる時間があまりにも長くなり，効率的ではありませんでし
た。授業に出席している学生全員でコーラス方式で，文を繰り返させた
り，あるいは，助手の方が英語で意味を提供して，日本語で文章を産出さ
せたりすることが多かったです。このような授業に対して常に疑問を抱え
ながら指導をしてきました。

　ここでは，まず，このような授業背景から生まれた疑問を一つずつ取り
上げ，それをどのように改善できるか構想し，それらの構想から実践へと
どのような工夫をしたかという過程を説明していきます。

5.4.1.　構想から実践への理由付け

　構想を実践に移すには，今までの教室学習をどのように変更していく必
要があるのかが次の課題になります。VanPatten (2017: 31–32) は，外国
語指導は，他の教科の指導とは違った教室指導が必要ではないかと疑問を
投げかけています。

Language must be treated differently in the classroom from other subject matters (e.g., history, philosophy, or biology) …. Most textbooks, and many teachers, continue to treat language like any other subject—something you can explicitly teach and then test. Teachers and textbooks "explain," students (hopefully) "practice" in some way, teachers provide them with feedback on how well they have done, and finally students receive tests of their "knowledge" of the subject …

（外国語の授業は，歴史や哲学や生物などの授業とは違った方法で行われなければいけない。多くの教科書や教師は，外国語指導も他の教科と同じような方法をとることを前提としている。例えば，その日の授業内容を指導し，その後に試験をすると言ったふうにだ。教師も教科書も何かを説明し，そして，学生は何等かの方法で練習することを前提にしている。教師たちは学生に学習成果の評価を与える。つまり，学生たちは，授業内容の知識に関しての試験を受けるのである）

　上の引用文で同意できるのは，外国語指導を他の教科と同じような形式で指導をする必要はないということです。同時に，同じような形式で指導をすることが悪いわけでもないことも付け加えておきます。なぜかというと，一口に外国語指導といっても，目標が同じわけではないからです。この引用文は，本校での疑問，構想，実践という過程を通った後に出会ったものですが，本校での実践の確認のような解釈ができ，心強く感じました。

　引用文にある説明，練習，教師の評価，訂正，試験などは，それらの言葉がどのような状況における何を意味しているのかによりますが，指導の目的によっては，必要なものです。それら自体が問題ではなく，なぜ説明や練習をするのか，いつどのように評価や訂正をするのか，試験は，なぜするのかなど，指導の目標に照らし合わせて考察することが不可欠だということを強調したいと思います。

5.4.2.　構想と実践への前作業

　本校では，実際の授業をすることによって生まれた疑問を基に改善に向けてどのような構想ができるのかを考察しました。構想と実践をする前に本校の日本語の学習目標を具体的に立てることが必要でした。

　大学ではどの授業においても，まず，しなければいけない作業は，具体的な目標を立てることです。目標が違えば，構想内容も実践内容も違ってくるからです。したがって，ここでは，日本語の授業の進め方の改善法を具体化するために，本校での日本語学習の目標を考察した結果，具体化した目標の2点を説明します。

5.4.2.1.　目標（1）：一生の学習

　英語を母語とする大学生にとっては，外国語である日本語は，「カテゴリー4」の言語です。この分類は，英語を母語とした学習者が外国語を学ぶ際の難易度を「カテゴリー1」から「カテゴリー4」まで設けたものです。この分類では，数字が高くなるほど難易度が増すことを示しています。カテゴリー1の言語は，主にヨーロッパ言語で，英語とは近い言語ですので，カテゴリー2から4の言語より学習にかかる時間が少ないことを示しています。この分類では，「カテゴリー4」（アラビア語，韓国語，中国語，日本語）の言語は，学習難易度が一番高いとされています。英語を母語とする大学生がカテゴリー1の外国語を学ぶのに比べて，カテゴリー4の外国語を学ぶ時間に関して，Jorden and Lambert (1991: 3) は次のように説明しています。

> [I]t is estimated that 1,320 hours of instruction in an intensive program in a Category 4 language are required to bring students to the same level of proficiency reached after only 480 hours of instruction in a language in Category 1 (which includes French and Spanish). In addition to Japanese, Category 4 includes only

160

Arabic, Chinese, and Korean, but if both the spoken and written
languages are included in this comparison, Japanese emerges as
probably the most difficult, even among the Category 4 languag-
es.

（同じ能力に達する時間を比べると，カテゴリー１の外国語（例としては，
フランス語やスペイン語）では480時間かかるのに対して，カテゴリー４
の外国語では1320時間かかると言われている。カテゴリー４の外国語は
日本語の他にアラビア語，中国語と韓国語の４か国語のみである。書き言
葉と話し言葉の両方を含めるとカテゴリー４の外国語の中でも日本語は難
易度が一番高いであろう）

　どの外国語であっても，外国語学習には，時間がかかります。一般的に
言えば，学びというものは，学びの対象が何であっても一生かかるもので
す。筆者の観察では，大学卒業後の進路にかかわらず，卒業後も日本語学
習を続けている学生は意外に多くいます。そして，それは学校教育を通し
て続けているのではなく，自習で続けている場合がほとんどです。ですか
ら，大学で外国語を勉強している間は，一生の学びに役立ち，大学卒業後
も自分で勉強し続けることができるような指導を目標とすることにしてい
ます。

5.4.2.2.　目標（2）：自分で学べる力

　外国語学習は，一生の学習であると書きましたが，一生，学校に行くわ
けにはいきません。本校で日本語を履修する大部分の学生は日本研究の専
攻を選択したわけでも，卒業後，日本関係の分野に進むわけでもありませ
ん。ですから，大学卒業後も日本語学習を続ける方法は，自学自習で学ぶ
ことが一番，現実的なようです。

　学びというものは，言われたから，あるいは，しなければいけないか
ら，勉強するというより，学習者自身が知りたいことを自分から進んで学

ぶことができるようになると，本当の学習ができるようになります。多く
の著名人の小話や随筆などからもこのような例はよく出てくる話です。[3]
先生に言われたことしか勉強しなかったり，試験のためだけに勉強してい
ると，時間が過ぎてしまえば，忘れてしまいます。しかし，自分が学びた
いと思ったものを自分で学べると，学んだ内容が意味のあるものとなり，
自分の知識となっていきます。

　最近，「オートノミー」「自律」などといった言葉が学習に関する出版物
に頻繁に使われるようになってきているようですが，このような用語には
決まった定義はないということです。しかし，自分から進んで勉強できる
ことが強力なものであるということは共通しているようです。[4] この点に
おいて，筆者の大学のある教授が言ったことをよく思い出します。この教
授が言ったのは，"my main teaching goal is to teach my students how
to teach themselves"（私が指導の目標としているのは，学生たちが自分で学べ
るような方法を教えることだ）ということですが，この教授も学習は一生続
くことを前提としてこのようなことをおっしゃっていました。

　筆者の観察においても，学習者自身が授業の予習をし，また，そこで疑
問に思ったことなどを教師に質問したり，さらに自分で調べて疑問を解こ
うとする学生は，好ましい学習結果を生んでいます。卒業後も自習をし
て，日本語能力試験2級や1級に合格したなどという嬉しい報告が来る
こともあります。Little (1995: 175) によると，いわゆる「よくできる学
生」は自律学習ができる学生であると次のように述べています。

　　In formal educational contexts, genuinely successful learners have
　　always been autonomous .... By definition, the autonomous learn-

---

　[3] 例えば，有名作家の遠藤周作の『落第坊主の履歴書』（文春文庫）を読むと，いかに
遠藤周作が学校の勉強に意味を見いだせなかったかが書かれています。他には，脳科学
者の池谷裕二博士の著書である『海馬』（新潮文庫）には，子供のころのご自分の学校で
の勉強について書いていらっしゃいます。
　[4] 青木・中田（編）(2011)，津田 (2013)，中田 (2015) を参照してください。

162

er tends to integrate whatever he or she learns in the formal con-
text of the classroom with what he or she has already become as
a result of developmental and experiential learning.

（学校での教育において，自律学習のできる学生は学習に成功する。自律し
た学習者というのは教室学習を自分の経験を通して学んできたことに繋げ
ていけるものである）

5.5. 教材開発

　繰り返しになりますが，会話から始まる教科書を使用していた時は，各
課の始めに出てくる会話に使用されている文構造とその機能に関する英語
での説明の授業が必要でした。その理由は，教科書での説明では足りず，
学生たちが常に質問をしてきたからです。しかし，そのような講義をする
たびに，この講義の時間が無駄に思えてなりませんでした。講義では，英
語を使う必要もありましたし，いつものことながら，学生たちの間の理解
度には大きな差があったからです。学生たちは自由に質問してくれました
が，この質問も全員に役立つようなものではありませんでした。

　その後，講義の時間をもっと有効に使うためにハンドアウトなどを作成
しましたが，その作成にも，かなりの時間がかかりました。しかし，それ
よりももっと問題と感じたことは，このようなハンドアウトは，学生たち
に役立つものでしたが，学生によっては，講義の日にすぐに理解できる学
生と，理解するのにかなり時間が必要であった学生がいるという個人差で
す。ハンドアウトの説明も十分にはできていないところが多く，その内容
を授業で補っていました。そのような時には，学生たちは講義内容をノー
トに書き留めていたようです。これはごく普通の授業風景ですが，筆者に
は，その時間が非常に無駄に思えてなりませんでした。学生が授業に参加
する時間は限られたものです。その限られた時間に説明を英語で聞くかわ
りに日本語を話す練習に使えないかと考えあぐねていました。

　上に述べた疑問を基に出てきた案は，講義の内容（多くは本書でいう文法項目）を詳しく書いたものを学生が授業の前に予習ができるような教材開発をすることでした。そのようなものが存在すれば，学生たちは必要に応じて読みなおしもできますし，理解の間違いがあれば，その教材で確認することもできます。学生が，何かの事情で欠席をした時にも必要なところを読むことができるという利点もあります。このような文法記述の教材作りを手掛けたのが 1990 年代の初めのころでした。始めはハンドアウトをまとめたようなものだったのですが，毎年，学生たちの質問や誤用の内容をその教材に含めながら内容を更新していきました。説明の後には，練習も付け加えました。それを 10 年以上繰り返し，2009 年に教科書として四冊のものを出版することができました。

　その教科書について簡単に説明します。[5] この教科書は四冊からなっていますが，その一冊は，すべての課の文法記述がまとめられています。文法説明は，すべて英語で書かれ，本書で述べた全体と部分の相互関係を念頭においた文法書として別冊にしました。四冊のうちの二冊は，練習のためのワークブックです。各章に導入されている文法項目を使い，新しい語彙を使用して練習できるように書かれています。四冊目は，日本語表記に関しての別冊です。

　この教科書の構成は，三つの段階に分けられています。この段階は，ステージ（Stage）と呼ぶことにしました。ステージ 1 は，日本語の基盤となる文構造の導入で，ほとんどの学生が 1 年間（本校では，2 学期）で終

---

[5] The Japanese Stage-Step Course という教科書で，4 冊からなっています。Grammar Textbook, Writing Practice Book, そして，Workbook が 2 冊です。2009 年に Routledge から出版されましたが，最近（2019 年 2 月）出版社に依頼をして，出版をとりやめてもらいました。その理由は，二つありました。まず，筆者の出版物を学生が選択するのではなく，購入を義務付けることへの抵抗感です。そして，内容の更新が困難なことです。今はこの教科書の 4 冊とも，PDF にして無料でネット上に立ち上げています。学生たちは，PDF のままコンピュータ上で使用もできますし，紙の教科書を好む学生はその PDF を自由に印刷をして使用することもできます。

えられるものです。ステージ２は，ステージ１を基盤とした複文の導入を中心としたものです。このステージは２年目の前半に学習します。ステージ３は，多くの類似構造が導入されています。これらの類似構造は，意味は似ていても，日本語を使う状況により機能が違うものを比較しながら，導入しています。このステージは２年目の後半に使用するものです。ステージ４もありますが，これは，前のステージの１から３で取り上げられなかった項目を付け加えてまとめたものですから，必要に応じて参考できる参考書のような役目をしているものです。例えば，数詞はステージ１から３に少しずつ導入していますが，多くは導入できません。しかし，必要な時には，ステージ４の数詞のリストで調べることができるようになっています。

　これらの４つのステージの導入は，新しいものの導入により，全体像と部分を往復しながら，太らせていく知識の形を想像して作成しました。ただ，下にあるようなきれいな輪ではなく，ぎざぎざであり，かつ，まん丸ではなく歪んだ輪を想像していただく方が正しいかもしれません。理由は，どの輪も完全とはほど遠いものだからです。

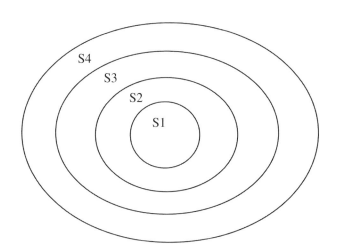

　どのステージにもすべての課には，ステップ 1（構造・語彙），ステップ 2（会話），ステップ 3（読解・文章を書く）という三つのステップが組み込まれています。すべてのステップにおいて，始めから単文一文のみの文産出，解釈ではなく，談話レベルでの四技能の学習を目標としています。[6] この三つのステップは，四技能は別々に指導する必要があることから，それぞれ，会話には会話の決まり，書く文章には書く決まりがあるという情報を導入しながら，練習していきます。各ステップの詳しい説明は次のとおりです。

　ステップ 1 は，新しい文構造と新しい語彙の学習です。構造と語彙学習は，次のような順序で行われています。新しい構造を練習する時には，語彙は学習済みのものを使用し，その構造に慣れてきたところで，新しい語彙を使って練習をするという順序にしてあります。構造も語彙も両方共，新しいものという状況は可能である限り避けるのが目的です。

　ステップ 2 では，会話の特徴を学習します。同じ文構造であっても，会話の場合と，正式な文章を書いて伝達する時では，かなり違った規則が存在します。会話指導の時には，会話だけに使用する表現や要素があることを学生に認知させるようにしています。このステップ 2 では，ステップ 1 で学んだ構造と語彙を使用して，会話の特徴を学び，会話の練習をします。会話の特徴の例として省略要素を用いたものなどを学びます。他には，会話ですから，聞き手が相づちをうったりすることを学ぶことも必要となります。ですから，文化要素が多く現れてきます。そのような時には，会話に出る関連した文化要素も認知させることにしています。例えば，誉め言葉を受けた時には，聞き手はそれに同意するのではなく，謙虚な表現を使用して，その誉め言葉に感謝を伝えるといったようなもので

---

　[6] ここでの「談話」は，会話という意味ではなく，話す・書くという作業において，「ひとまとまりの言語表現」（北原保雄（編）『明鏡国語辞典』大修館書店，2002, p. 1031）という意味で使用しています。

す。長い会話は使用しません。流れとしては短いやりとりを中心として，目的に合わせた違った返答のし方などを取り上げています。そして，その会話の続きは，学生同士に展開させたりすることが頻繁にあります。

　ステップ3では，学生たちは書き言葉を勉強します。漢字圏を母語としない日本語学習者にとっては，漢字学習は難関の一つです。ここで教師にとっても学習者にとっても認知すべきことは，漢字の意味の認識と漢字を書く技能は，違ったものであるということです。漢字の意味の認識は多ければ多いほど，いろいろな場に役立ちます。それでも，米国の学生は，漢字に囲まれて日々の生活をしているわけではありませんので，頻繁に見ない漢字は忘れてしまいます。文章の読解力を培うことは強力な技能学習ですので，このステップでは，読解に焦点を置いています。ステージ1とステージ2での長文の読み物には，振り仮名を振ったものと振り仮名を取り除いたものの両方が与えられていますが，ステージ3の長文読解に使用されている漢字や語彙は学生が辞書を使用して調べることになっています。このステップでは，読み物の前に漢字についての情報も与えています。読み物の課題も違ったジャンルのものを読む経験をさせるようになっています。例えば，昔話，随筆，手紙，メール，説明文，感想文，投書などです。

　漢字を大学で初めて学習する学生にとっては，漢字の意味の認識も漢字を書くことも，日本語学習で苦労するものの一つです。しかも，漢字の意味の認識とは違って，漢字が書けるようになるまでには多くの時間がかかります。その上，この技能の学習度には大きな個人差が現れてきます。漢字を書く学習は，関連のない漢字を一つ一つ覚えようとしてもそれほど効果的ではありませんが，学生にある課題について書かせると，学生自身に関連のある語彙の漢字表記はできるようになります。文脈を無視した個々の漢字は何度書いて練習しても記憶に残るものは少ないようです。ですから，教師が学習する漢字を選んで漢字の試験をするのではなく，学生が選んだ課題で漢字を含めて文章を書くよう勧めることで，書けるようになる

漢字が増えてくるのをこれまで観察してきています。

5.6.　学生の発話量

　本校の日本語学習でも，四技能を学習目標にしていますが，学習の優先順序としては，まず話す，聞くの技能学習です。話すことと聞くことは切っても切れない相互関係にありますので，ここで「話す技能」と書いていても，多くの場合「聞く」ことも含まれています。

　社会の一員として言葉を使用する場合，原則的には，話者は一人ずつ話し，聞き手はその話を聞いてから，それに返答したり，意見を述べたりするのが普通の対話のあり方です。しかし，米国の大学では，指導や練習の時間制限があるため，一人ずつ話す技能の練習は時間がなかなか取れないことが多く，全員でコーラス式発話をさせてしまうことが度々あります。一人ずつの発話練習の方がいいからと言って，一人ずつ発話をさせていると，発話をしていない学生の待ち時間があまりにも長く，無駄が生じます。コーラス式発話練習は，学生全員の発話量は増えますが，教師には，だれが流暢に発話でき，だれが困っているのかが見えにくく，できる学生の声を聞くと全員ができているような感覚になってしまうという弱点があります。口頭試験や筆記試験を行ってから初めて学習者が話す技能の学習に苦労していることを発見するという経験は，過去，何度もありました。

　このコーラス式の発話練習の弱点を補うためにペア・ワークで練習させるのもよくある光景です。しかし，この方法も一人一人が発話するという点では，コーラス式練習より効果的ですが，教師には，この方法でも，一人一人の発話を評価することは困難です。その理由は，ペアが何組もあれば，同時に教師がすべての学生の発話を聞くことができないためです。

　日本語の発話練習は覚えたことを繰り返すのではなく，話者が自分の考えていることを発話の場に適切な文や文章で聞き手が理解できるように産出するというのが理想的です。聴解練習においても，初めて聞いた相手の

168

産出した文や文章の意図を理解することが目的です。本書で何度も書いて
いるように，同じ内容でも，それを表現する文章は無限にあるわけですか
ら，発話，聴解の間違いは学生によって違ってきます。したがって，教師
は，個人の学生にとって有意義な訂正の指摘も一人ずつの学生にしかでき
ないのが現実です。与えられた時間内でどのように各学生の発話量を最大
限にし，また一人一人の学生に自分の考えていることを表現するのに適切
な発話ができるように導いていけるのか，効果的な聴解の技能の指導がで
きるのかが常に疑問として残っていました。

　教材が完成してからは，学生たちは，授業の前に文法書を読んで，その
後，読んだものが理解できているかどうかはワークブックを一応は見てか
ら，授業に来ることになっています。ですから，学生たちは，教室に入る
とすぐに日本語を話すことができるという授業に変わっていきました。ま
た，文法書を読んで不確かなところがあれば，授業外で教師に質問をし，
教師は，その学生に合った説明ができることが可能になりました。

　次に，学生一人一人の発話量を増やし，さらに教師が一人一人の発話に
対し，訂正や提案を通して指導する方法はないものだろうかという疑問か
らある構想が生まれ，また，その構想から実践に移った経過を説明しま
す。始めは，学生が教師と会う準備ができたら，一人ずつ教師に会うこと
にするのがいいと思い，そのような方法を試したこともありました。一
応，基準としては，週に2度は教師に会いにくるという基準でした。し
かし，学生にとっても，教師にとっても，一人ずつではなく同級生がいる
方が勉強の動機づけになることが分かりました。練習なども質疑応答など
学生同士でする方が効果的であることも分かりました。

　その結果，小グループを何組か作るのが効果的であると決断し，それを
実践しました。小グループ作成の一番の利点は，教室内では，8割から9
割がた，学習者一人一人の発話に使用できるようになり，学生一人一人の
学習度が見えるようになったことです。小グループと言っても，一つのグ
ループに何名の学生を入れるのかが問題になりますが，これも時と場合に

よって違います。本校の場合，最適な学生数は，三人から四人ということもいろいろと試みた結果，分かってきたことです。二人のグループにすると一人が欠席をした時には，授業では残りの学生一人になってしまいます。四人はバランスのとれた学生数ですが，学習に時間のかかる学生が一人でもいると一人ずつの発話量が減り，理想的だとは言えない場合もあります。時と場合により，適当であると判断した学生数のグループ編成がいいというところに落ち着きました。履修生数の多い初級のクラスでは，小グループの学生数がもう少し増えることもあります。年々，違った事情がありますが，その事情に合わせて，小グループを編成しています。

　ここまでの情報を他の人に伝えると，必ず出てくる質問があります。それは，教師の指導の時間数が増えて大変ではないかということです。しかし，次の点を考慮すると，指導時間が増えることへの当惑は減少します。以前の指導の仕方では，教師が説明をしたり，指示をしたりで，授業中は教師が学生よりも多く話していたのが普通の光景でした。このような授業では，学生は，かなり受け身の態勢で，座って，教師の話を聞いている時間がとても長いというのが普通の授業風景でした。このような状況では，教師の授業内での指導は，非常に疲れるものでした。

　しかし，新しい小グループ制の授業になり，前もって学生が自習をし，授業ではほとんど学生が発話をしているような授業では，教師の準備も授業内での活動もかなり減少します。外国語指導の教師は，外国語学習の最も効果的な方法を生み出すのが使命ですので，他の授業と違った授業時間を問題視することは，教育という根底の意味を考えると問題にする必要があるのか疑問に思います。しかし，履修生が多く，教師の数が少ない大学は，このような方法ではなく，他の効果的な方法を考える必要があるかと思います。

5.7. 学習度の個人差

　ここで述べる学習度の個人差の問題は，日本語の教科に限らず，教師であれば，だれもが経験していることでしょう。学習度の個人差の具体的な例を挙げると，日本語学習者の場合は，文法概念の理解の差，話す能力の差，書く文章の質の差など，多く存在します。このような個人差の起こる理由は，無数にあり，すべてが解明されているわけではありません。しかし，分かっていることもあります。例えば，「理解」の領域においては，人の話を聞いた時に起こる「注意」が学生によって違うというのが原因のようです。日本心理学会（2013）によると，人間の持続的注意はそれほど長くないということと，どこにどれだけ注意をするのかも個人差があるために講義や読んだものの内容における学生間の理解の個人差が起こってくるということです。

　上で述べた持続的注意だけではなく，選択的注意も関係してくるようです。つまり，服部・小島・北神（2015: 56-57）によると，「私たちの周りは，目や耳から入ってくる情報にあふれており，私たちはそれらすべてを見聞きしているわけにはいかない。注意には，自分にとって必要な情報や興味のある情報を選択し，その情報の理解に処理を集中するという意味がある」のだそうです。

　学習度の個人差を取り除くことは不可能であることは，長く教えれば，確信できる事実です。外国語学習について言えば，どのように指導しても個人個人で受け入れるものが違い，学習を左右する要素が無限にあり，教師には見えることがそれほど多くないということが分かります。ですから，この個人差をどうするかということが非常に大きな課題となります。成績で区別をして，それで終わりにするのか，何かの方法で対応するのか，課題は山積みです。

　いろいろ，考えた末に行きついたところは，教育とは，いわゆる「できる学生」だけに指導することではないというところです。本校では，大学，

特にリベラル・アーツの大学では，興味があり，学びたいと思っている学生には，教師は教える義務があるというところを出発点とすることにしました。つまり，個人差があることを前提とした指導について考察するべきであるという結論に達しました。

　教材開発により学生の授業内での学生一人一人の発話量を増やすことが可能になりましたが，それに加えて，上に述べた個人差をどのように考慮にいれるのかの構想が必要になってきました。それで，小グループ編成時に，学習の個人差の比較的少ない学生のグループ分けを可能な限り行うことにしました。どんなに個人差の少ない学生のグループ編成を試みても個人差が全くないというグループ編成は不可能です。しかし，私たちの普通の生活を見ても，人間ひとりひとり違います。似ているところもあります。ですから，この小グループにある程度の個人差があるということはいい点であると理解するべきでしょう。ただ，個人差がありすぎるとグループのすべての学生の学習に影響しますので，教師はどの程度までの個人差をよしとするかを決める必要があります。

　個人差の対応に関しての実践の例を一つ上げます。一学期間の各授業の目標は一応は，立てています。その結果，大部分の学生はその目標に達することができますが，この目標よりもっと量をこなせる学生が時々，出てきます。その場合は，その学生に合わせて，できるところまで進んでもらうことにしています。逆に目標に達するのに，普通より多く時間が必要な学生もいます。この場合に備えて，一年間の学習目標を2学期で終えることができるカリキュラムと3学期をかけて終えるカリキュラムを立てることにしました。

　上に述べたような変更の結果，すべての学生に同じ教室で同じ時間に同じ量の学習を要求をしていた時よりも学習者に好ましい結果を生むことになったことは確実です。どの場合でも，勉強は，諦めずに継続する学生と諦めてしまう学生とが出てきます。諦めない学生は何らかの形で必ず実を結びます。まさに「継続は力なり」です。

5.8.　登録時に授業時間を設定しない試み

　本章の始めにも少し説明しましたが，日本語学習だけではなくカテゴリー4の外国語の1週間に設ける授業回数は他の科目に比べて多いのは米国ではよくあることです。筆者の大学においても，アラビア語，中国語，日本語の授業時間は，他の教科の授業時間の2倍近くの授業時間を設けています。しかし，学生が得る単位数は他の教科と同じです。それだけではなく，この三つの外国語の履修生は多くの場合は，アジア言語・文化学部を専攻にしている学生ではなく，それぞれ違った理由でこの外国語学習に興味のある学生が履修しているという場合がほとんどです。したがって，登録上，外国語の授業と他の授業の授業時間がかち合ってしまった場合，外国語よりも他の教科を優先する学生たちがほとんどです。

　日本語に関して言えば，日本語を学ぶ理由はいろいろとあると思いますが，日本語を大学で学んでみたいという学生たちには学ぶ機会を与えることにしています。上に述べたように，少人数グループを編成すると，時間を予め決めてもそのグループにこちらが思っているような学生が登録することはほとんどありません。ですから，登録情報には授業時間を記入しないで，学期が始まってから，学生の空いている時間に少人数のグループ編成するようにしました。

　この実践の結果として言えることは，この試みで一番いい点は，学生が他の授業との重なりで日本語を諦めるという必要性がなくなったことです。講師にとっては，学生の履修科目が決定するまで，日程表が決まらないことが多く，グループ編成をすぐにはできないという苦労があります。しかし，改善点と苦労の点を比べると，改善点の方が学生の学びにいい影響を与えますので，毎学期の始めに苦労があっても，少数グループ編成は，履修生の日程表と合わせながら学期の始めに行っています。

5.9.　反復学習

　本校での初級段階の日本語学習者がどのような過程を踏むのかを説明します。日本語を一生の学習とした場合，自習の力をつけることが非常に重要であることを念頭においた実践です。

　まず，予定表に，それぞれの学生が授業に来る前に予習してくる1回の学習量を「ブロック（block）」と呼んでいます。1週間に2ブロック進むことが目標となっています。それを達成させるためには，学生たちは，次の段階を踏むことになっています。

1.　自習：学生たちは，新しいブロックの情報を（1）文法書で自習し，（2）その部分の構造や語彙が取り入れられている練習を予習してくることが宿題となっています。この段階では，文法説明が完全に理解できなくても，流暢さに欠けていたり，語彙が完全に，覚えられなくても問題ではありません。それは，学生に伝えてあります。しかし，一度は，必ず自分で読み，練習してみることに価値があることを伝えます。理解できない文法項目は，練習の後にまた読むと理解できることがよくあります。[7]

2.　学生同士の練習：各学生が上で述べた自習を終えた後で，今度は，同じグループにいる学生と指定された時間と場所に行き，自習した内容をワークブックに沿って，声を出し，学生同士で練習します。この部屋には，日本語の助手が常にいて，学生たちは，分からないことがあれば，助手に聞くことができますし，助手は学生の発話の問題などに気付けば，簡単に訂正をすることもあります。しかし，すべての間違いを訂正することはこの段階では好ましくありません。学習の初期段階ですべての間違いの訂正を受けるこ

---

[7] 学生たちは，文法書とワークブックを持っていますので，指示されたところを読み，練習してくることになっています。

とは，学習を妨げることがあります。[8] ここでは，(1) の段階で自習してきたことを同級生と確認し合うことで十分です。このセッションをピア・プラクティスと言い，同じ学習をしている相手と練習できるとても貴重な機会です。教師のいないことがこの学習の段階では利点になることは研究でも確認されています。[9]

3. 教師との授業：学生が (1) と (2) を終えると，今度は，受け持ちの教師の授業を受けます。この授業を「アセスメント・セッション」と呼んでいます。この場合も，教師は，(1) と (2) で学んだことを元に言語運用の応用力を調べます。学生たちが発話の場に適した文章が言えるか，あるいは，理解できるかを調べます。ここで教師は，一人一人の学習過程の評価を行うことができますが，この評価は学生の学習評価だけではありません。ここでは，日本語科の学生への期待が現実的なものであるのか，難易度や学習量は適当かなど，教師の方の評価でもあることの認知が大事です。

　筆者の大学では週 4 日，日本語の授業が行われ，上の 3 つの段階（1 ブロック）を 1 週に 2 ブロックすることを目的にしています。多くの学生は，この量で問題がないことをこの数年かけて確認しています。Jensen and McConchie (2020: 88) は，"In the classroom: the overarching guideline is this: start small and build. Begin with prior knowledge and then pause"（教室では，多くの場合，始めに与える情報量は少なくし，そこから徐々に膨らませていくのが効果的である。すでに知っていることから始め，その後は，時間をおくことが大事である）と言っています。

　本校では，上で述べたように，同じ学習内容を少なくとも 3 回反復して，学習を達成することを目的としています。このような方法について

---

[8] Brown, Roediger, and McDaniel (2014) を参照してください。

[9] Philp, Adams, and Iwashita (2014) にピアの交流により起こる学習に関して多くの議論がされています。

は，Brown, Roediger, and McDaniel (2014: x) でも，認知科学の観点から次のように述べられています。

> If learners spread out their study of a topic, returning to it periodically over time, they remember better. Similarly, if they interleave the study of different topics, they learn each better than if they had studied them one at a time in sequence.
>
> （学習者は学習目標の課題を時間をおいて戻ると内容はもっと記憶に残る。いくつかの学習項目がある場合，一つずつ連続して学習するよりも，違う項目を入れ替えて学習する方がよりよい学習ができる）

　上に説明されたものをもっと具体的に "spaced repetition"（時間と空間を設けた繰り返し）"interleaving of different but related topics"（違っているが関連している学習項目の入れ替え）が効果的だという意味です。[10]

5.10.　実践の結果と課題

　ここで述べた実践は，数年試みて，自律学習と言語運用の学習にかなり効果的であると判断しています。まず，学生一人一人の発話が増えたことは大きな利点です。この結果，教師が，頻繁に一人一人の学生の学習度や問題点がはっきりと見えることも，指導において意味深いことです。

　しかし，問題がないわけではありません。問題は，自習に困難を示している学生や文法概念の理解に苦しむ学生がいることです。このような学生の数は多くはありませんが，必ずそのような学生が出てきます。その場合，今のところは個人的に対応して，学習量を減らしたり，時間を他の学生よりも多く与えたり，個人指導を行ったりといった対応をしています。

　ただ自習をする力を持っているのに，自習を全くせず，受け身態勢のみ

---

[10] これは，Jensen and McConchie (2020) でも確認されています。

での学習をしようとする学生には勉強のし方から指導するという大学レベルでは必要ないような事態を観察することもあります。しかし，このような学生の中にも，勉強のし方を学び，卒業後，主に自習で日本語学習を続け，かなり上達した学生もいます。そのような時には，どの時点においても学生の勉強力の判断には時間をかけるべきであるということへの再認識になっています。

5.11. メタ認知の指導

ここで「自己調整学習」，及び，「メタ認知」という概念について触れておきます。中田（2015: 29-30）によると，自己調整学習とは，「学習者がメタ認知，動機づけ，行動において自分自身の学習に能動的に関与していることである」と説明しています。自己調節学習を三つの段階に分け，この段階の繰り返しで学習過程ができあがると説明しています。その三つの段階というのは，「予見段階」（目標設定・方略の計画・自己効力感・興味），「遂行コントロール段階」（注意の焦点化・自己教示・自己モニタリング），「自己省察段階」（自己評価・原因帰属・適応）の三つです。この説明では，「自己」という言葉が頻繁に使用されていますが，これは学習者が勝手にできるようになるという意味ではありませんが，このような段階が容易に行われるようになると心強いです。

日本認知心理学会学会（2013: 36）によると，メタ認知とは，「認知についての認知，即ち私達の行う認知活動を対象化して捉えることを意味する」と定義されています。日本語教育においては，学生のためのメタ認知と教師のためのメタ認知を考察することが必要です。教師と学生のためのメタ認知は，必ずしも同じものではありませんが，できるだけ，学生と教師にメタ認知が共有できれば，無駄を避けることができて，学習に大きな手助けになります。大学生は大人ですから，メタ認知は非常に役立ちます。日本語教師は，日本語を外国語として学生に指導するわけですから，

日本語，日本語文法，学習過程，外国語学習過程，日本文化，日本史など広い領域にわたっての知識が必要ですが，それらの知識のみではなく，その知識の有効な使い方の認知は指導能力の向上に必ず役立ちます。

　下にメタ認知の種類を取り上げ，簡単に説明します。メタ認知の指導は，特に時間をとって説明する必要はありませんが，学習者の勉強のし方などの指導をしている時に付け加えると効果があります。それぞれのメタ認知の内容は，本校で使用している教材に説明が加えられています。ただ書いてあるものを読ませるというよりも，学習において困難な点が出てきたら，その時に関連のあるメタ認知について説明して，学生に認知をさせると効果的なようです。例えば，ある文法概念が説明書を読んでも理解できなくて苛立っている学生がいたとしたら，今は全部，理解する必要はなく，新しい項目を学習しようとしている時に問題が生じた場合に，その関連のある個所をもう一度，読んでみると，分かりやすいというふうにどのような順を追って，学習していくのかというメタ認知を適当な発話量で伝えるのが効果的です。「適当な発話量」と書きましたが，長い説明は，効果がない場合が多いです。内容を簡素化して，説明しておいて，今後の理解を確かめながら，次にはどの部分の説明を加えるかを決めると，効果が上がります。

5.11.1.　文法記述の勉強のし方のメタ認知

　文法説明は，例文を使用しても抽象的になりがちです。ですから，ある学習者が文法記述を一度，読んで，理解できていなくても，それを教師自身が問題視しないことが大事です。学生がある間違いを指摘され，その間違いがなぜなのか理解できないような時に，学習者自身の意志で関連したところを読んだり，教師が具体的な例を挙げてあげたりすることで理解ができることがよくあります。ここで教師が学生のためにすることは，文法説明が理解できなかったことへの批判ではなく，勉強のし方を指導することです。文法記述の理解は，かなり時間がたってから理解できたというこ

ともよくあります。

　ここで説明の読み直しについて，考察します。文法説明の読み直しは，学習者が自主的に読み直す必要性を感じて，読み直す時と，教師が学生に質問を受けた時に，学生の質問に答えずに学生に読み直させる時とでは，効果は全く違います。Brown, Roediger, and McDaniel (2014: 10) は，一般的に読み直しは，学習効果がそれほどないということについて，次のように書いています。

> The finding that rereading textbooks is often labor in vain ought to send a chill up the spines of educators and learners, because it's the number one study strategy of most people—including more than 80% of college students in some surveys—and is central in what we tell ourselves to do during the hours we dedicate to learning.
>
> （教科書を読み直すという行動は，学習者が勉強している時の中心的な行動である。アンケートによると，これは8割の大学生の勉強方法であり，教育者にとっても学習者にとってもまず勉強方法の例として挙がるものである。しかし，研究結果では，それほど効果的な学習方法ではないことが分かっている）

　筆者の観察では，文法説明の読み直しの効果は場合によって，違います。教師に言われて読み直すのと，学生が自主的に疑問に思った時に特定の範囲を読み直すのとでは，学習効果は大きく違います。文法説明は，始めは，これから学ぶ項目について授業の前に普通読みますが，その時には具体性に欠けているため，理解ができていないことが多いです。しかし，その説明部分に語彙が入り，また，意味のある文章を産出したり，解釈しようとした時や，間違いを教師に指摘された時に，読み直しをすると，その文法説明の意味が理解できることがあります。

5.11.2.　文産出の無限性のメタ認知

　言語の特質の一つである文産出の無限性に関しては，本書の始めの方に
も書きました。つまり，ある思考を具体的な文章を産出して表現する場
合，ある思考に対して一つの正しい文が存在するわけではなく，無数にあ
るということを認識することは，教師にとっても，学生にとっても，大事
なことです。

　例えば，話者が相手の人に何かを依頼する時には，どのような依頼のし
方が適切なのかは，その話者と相手の関係，依頼する内容，内容の説明
文，話し手の話し方の癖，その他多くのことで決まってきます。ここに挙
げた要素は，話者によって一人一人違うはずですから，実際に産出する文
章も無数に存在します。このため，日本語学習中に教科書にある「依頼の
し方」の一つの例文を覚えても，日本語母語話者が学習者が覚えた文章と
はかなり違った語彙や構造を使って依頼をした時に，学習者がその文章が
理解できなければ，本当の言語運用の学習をしたとは言えなくなります。
つまり，話者の意図を言語を用いて表現する技能，そして，相手の発話の
意図を理解する技能を学ぶというのは，例文を覚えるだけでは，学習には
ならないということです。

5.11.3.　語彙学習のメタ認知

　教科書に与えられている語彙というのは，例に過ぎません。すべての学
生のすべての場合に必要な語彙を教科書が与えることは無理であることは
容易に想像できます。したがって，教科書で使用されている語彙だけでは
なく，その課その課で各学生が必要な語彙は自分で辞書を使って探すとい
うくせを付けることは，とても大切なことです。

　しかし，辞書にも限界があり，それがどのような限界なのかを学生に認
知させることも重要です。外国語学習者が辞書を使用するのは，何かを読
んでいる時（あるいは，聞いた時）に分からない言葉が出た時にその意味
を調べる時と，話したり書いたりする時にある言葉を知らない場合に，そ

れらの言葉を辞書で探したりする時です。

　例えば，英語の "fall" という動詞に対応する日本語を辞書で調べると
します。英和辞典であれば，「落ちる，散る，倒れる，転ぶ」や他に出て
いる語彙を合わせると 10 語以上の語彙が出てきます。[11] しかし，これら
の語彙の意味の違いやどのような文にどのように使用できるかは，説明さ
れていません。例文の一部が書かれていることはありますが，辞書に出て
いるすべての語彙の違った状況での使用のし方などの説明はありません。
そのため，学生にとっては，辞書にでている語彙を使用したのに，それが
誤用だと教師に言われて驚くことが度々あります。辞書にあったのに，な
ぜ誤用なのか非常に疑問に思うわけです。

　したがって，辞書で調べることの限界を認知させることは，学習を少し
楽にさせることに繋がります。つまり，辞書に与えられた語彙から，間
違ったものを選ぶ可能性はかなり高いという認識を持たせると，利点が多
くあります。辞書を引く習慣をつけることは，学習にとても役立つことで
すし，いつも間違ったものを選ぶのではなく，正しい語彙を選ぶ確率も高
いし，自習の力が付くので，大切な習慣であることは確かです。しかし，
間違った語彙を選択することは，普通であることを認識することは，これ
からの学習のためにも大事なことです。

5.11.4.　英訳，和訳の限界のメタ認知

　辞書は，ある言語から他の言語に意味を訳すために頻繁に使われます
が，その訳と原語には，かなりの意味の差があるということを認識するこ
とは必要です。語彙に含まれている意味は，非常に深く，また複雑で，そ
の意味を説明するということは，大変な作業です。それは，語彙がどんな
に基本的な語彙であっても同じぐらい複雑です。

---

[11] この和訳は，*Sanseido's New Concise English-Japanese Dictionary* (1985: 407)
によるものです。

　日本語を外国語として学んでいる時には，日本語の語彙，表現，文など
の意味を英訳に頼ることが多いです。外国語学習において母語の使用をや
める必要はありませんが，そこにはいつも意味の違いがあることを認識す
るべきです。自分でものごとを調べるという行為は学習にはとても効果的
ですが，それぞれの領域の限界を認識することは効果的な学習に不可欠で
す。

5.11.5.　類義語問題のメタ認知

　日本語学習も進んでくると，学生はあることに気付きます。それは，似
た意味の言葉が多いということです。実は，これはどの言語も同じで，学
習レベルが上がれば上がるほど，意味の似ている違った言葉が読み物など
に多く出てきます。例えば，初級で，「分かる」という動詞を学んだとし
ます。ところが，少し時間が経つと，読み物に，「理解する」という動詞
が出てきたりします。辞書を調べてみると，「分かる」と「理解する」は，
同じような定義が出てきます。学習者は，そこで必ず，この二つの語彙に
はどんな違いがあるのだろうかと疑問を持ちます。

　このように意味が似ている語彙は，「類義語」，時には，「同義語」「類似
語」「類義表現」などと呼ばれています。類義語に関して，日本語の学習
者に役立つ十分な情報は，非常に見つけにくく，英語で細かい説明がつけ
られた学習者向けの参考書のようなものは残念ながら存在しません。[12]

　日本語では，類義語の辞書や，類義語（あるいは，類義表現）に関して
書かれた参考書は存在します。[13]　しかし，それらは，外国語としての日本
語学習者のために書かれたわけではなく，日本語で書かれているため，初
級，中級のほとんどの学習者には効果的に使用できるものではありませ

---

[12] Makino and Tsutsui（1986, 1995）では，類義表現を取り扱っていますが，語彙な
どの類義語は含まれていません。
[13] 例えば，山口翼（編）（2003），森田（1988）を参照してください。

ん。これは，学習には好ましくない状況です。学習者は，まず，ここに問題があることを認識し，その上で，ウェブで調べたり，日本語教師に質問したりすることを勧めます。大事なことはそれぞれの言葉の英訳だけに頼らないことです。

　ここで，類義語に関して，次の特質を知ることは大切です。二つの語彙の意味が非常によく似ているとしても，意味が完全に重なることはないという事実です。もしそのような類義語があったとしたら，二つが同時に存在する必要はなくなるでしょう。そのため，全く同じ意味の類義語はほぼ存在しないと言われています。[14] 二つ（二つ以上の場合も）が存在する理由は，そこには何かしらの違いがあるからなのです。類義語間の違いはいつも同じところにあるわけではありません。時には，話し言葉と書き言葉の違いかもしれません。類義語は，これからも研究を続けなければいけない分野です。類義語の問題は，日本語学習者にも教師にも，難関なのです。

5.11.6. メタ認知の効果

　日本語学習者へのメタ認知の指導の結果が実際には学習にどのような影響を与えたのかということは，正直なところ不明です。これは筆者の観察に過ぎませんが，ある学生にはかなり効果的であったのではないかと思わせるところがあり，また，別の学生にはそれらの情報は素通りしていて，情報を得たことすら記憶にないのではないかと思わせるところもありました。

　観察上，唯一分かったことは，学生へのメタ認知の指導は，必要な時にするのが一番，効果的であるということです。このような情報を長々と説明することは効果的ではありません。教師が一人一人の学生を観察し，必要だと判断した時には，その学生に適度な時間をかけて説明することは効果的であるということを実感しました。その都度，関連のあることから，

---

[14] 例えば，Saeed (2015) を参照してください。

学生に伝えていけばいいと思います。一度言うだけでは，あまり効果はない場合が多いです。教師自身，このような学生にはメタ認知とはどのような意味があるのかを常に考えることも重要なのだと思います。

5.12.　今後について

　どのような指導法を試みても，教師が期待していた通りに学習できた学生と期待通りにいかなかった学生が出てきます。人間にはひとりひとり違った事情があり，教師が学生たちのすべての事情を知ることはできません。初めは日本語に情熱を注いでいましたが，その情熱が消えてしまった学生。他の学生よりも日本語学習に苦労し，多くの時間を費やし，努力をした結果，卒業後，数年後に日本語能力試験の1級や2級に合格した学生。在学中は，それほど芳しくない成績の学生が，卒業後，日本に行き，その結果，流暢な日本語を話せるようになった学生。本当に様々な学生がいます。

　本校はいろいろな意味で恵まれた大学です。このような恵まれた環境で日本語指導に携わることができるのは大きな喜びですが，反面，大きな課題もあります。現在，米国の多くの大学が学生や教師の多様性を重視しています。これは，大学内の学生たちや教師たちにとって，いいこともある反面，新しい挑戦ともなっています。本校で試みている個人差を受け入れた少人数教育はどのような場合にも対応できる体制ではないかと信じています。

　新しい挑戦は毎年，起こります。その挑戦は，無視できるものもあるかもしれませんが，多くの場合，無視できるものではありません。無視できない場合は，受け入れることから始まります。学習者も大学も変わり続けます。そして，それらに対応し続けるのが，教師の使命なのだと思います。

　本章では，本校での文法指導を軸とした四技能指導の構想と実践の様子

を一例として挙げました。大学事情は一つとして，同じ状況であることはありません。そのため，本校で可能であることは，他の大学では違った限界があるでしょう。また反対に，他の大学では可能であることが，本校では不可能であることも大いにあります。

　本校での実践のすべてが思い通りに運んでいるわけではありませんが，学生たちの学習度の個人差を観察してからの疑問を基に，少しずつ，歯の矯正のごとく，じわりじわりと変えていった結果が今の形となったものです。もちろん改善の余地は多々あり，これは終わることがないものであることだけは確かです。

5.13.　その他の随想

　何年，日本語を指導していても常に疑問は出てきます。学生も多様化してきています。テクノロジーもかなりの速度で進歩してきています。教師もいろんなことに常に影響されながら，思考などが変わっていきます。大学の方針も変化に富んでいて，こちらが追いつけないような事情も多くあります。同時に，変わらないこともあります。筆者が教えている大学のようにフリー・カリキュラムであれば，外国語としての日本語の勉強は，しなければいけないから勉強しているのではなく，日本に何らかの形で興味を持っているので，日本語を学んでみたいと思ったという学生が多く，それは以前も今もあまり変わりません。もちろん，勉強を始めてみて，思った通りのものでなく，辞めていってしまう学生もいますし，特にこれといった理由はなく日本語学習を始めてみると，面白くてやめられなくなったという学生もいます。他にもそれぞれ違った理由で日本語を勉強したいと思っているようです。日本語を学習したいという学生には，理由は何であっても，真剣に指導に取り組んでいきたいと思っています。

　最後にその他，常に考えていることで，本書では十分に取り上げることができなかった纏まりのない課題をいつか取り上げて，後日の課題とす

ることにします。

5.13.1.　テクノロジーと教師

　少し前まで外国語指導のテクノロジー使用と言えば，音声の録音と動画ぐらいのものでしたが，今はこの分野は大変な発展をとげ，外国語指導にも役立つことが多くなってきました。しかし，テクノロジーの使用に時間を使い過ぎて，外国語学習の原点を忘れてしまう可能性も出てきています。

　教師でしかできないことが多くあります。今のところは，テクノロジーが完全に教師に代わることはないでしょう。その場その場の発話の適切性や無限に産出可能の文章の判断はテクノロジーはまだ人間の言語力には及んでいないようです。[15] 学生はいろいろと違った考えをもっています。それを聞くことにより，学生のことがさらに分かってきたり，学生の質問から学ぶことも過去，何度もありました。この役目をテクノロジーが果たすのは，まだ無理であろうと思います。

　テクノロジーは学生の自習には役立つことは大いにあるでしょう。学習の個人差に対応するためにテクノロジーの使用は可能だと思います。しかし，教師が認識しておくべきことは，テクノロジーの効果も個人差があるということです。

5.13.2.　試験と採点

　外国語学習には誤用はつきものです。しかし，間違うことによって学ぶことも多くあります。間違うことを恐れている学生は，教師が想像するより多くいるのではないかと推測しています。そのような学生は，間違いを

---

[15] Dehaene（2020）の著書の題に注意をしてみてください。*How We Learn: Why Brains Learn Better Than Any Machines ... for Now.*（我々はどのように学ぶのか。人間の脳はなぜどの機械よりも優れた学びをするのか ... 少なくとも今の時点においては）

最小限にするために用心しすぎて，折角の学ぶ機会を逃すことが多いため，教師は，学生には間違いを恐れず，話したり，書いたりしてみるように提案します。それにもかかわらず，試験をして，間違うと減点します。多くの学生にとっては，いい成績を取ることが非常に大切ですので，試験で間違いを減点されることを恐れ，間違わないようにと必要以上に注意するため，それが学習の逆効果になることも度々あります。間違いの減点に関して，筆者はいつも頭を悩ませています。間違いが少ない方が成績がよくなるという現象はどこにでも見られますが，これに関しては，考え直す余地があるのではないかと思っています。

　試験はもちろん学んだことを試すものだと思いますので，悪いことではありません。しかし，何を試験しているのか考察し，なぜ試験をするのかということへの疑問にも真剣に向き合おうと思っています。

5.13.3.　シラバスと締め切りについて

　日本語の授業にはシラバスがあります。典型的なシラバスには，いつ何を学び，いつ次に進むかというような情報が書き込まれているのが普通だと思います。これは前提として，クラスの全員が足並み揃えて同じ速度で同じ質，また，同じ量の学習をするということを示しています。それができる人は，いい成績をもらい，それができない人は成績が芳しくなくなります。その上，宿題の締め切りも同じ日を設定し，中間試験があり，期末試験があります。試験は点数が配分されていて，Ａの成績を得るには，何点以上であるかなども記されている場合もあります。このようなシラバスの内容に関しては，常に考えさせられます。例えば，教師が試験で決めた点数を日本語学習という大きなものに照らし合わせた場合に，どのような意味合いが含まれているのか，筆者には常に悩みの種でもあるのです。

　これらの一つ一つにどのような意味があるのかを考えてみることも，これからの指導において役立つのではないかと思います。日本語の授業でこのような統一された進度や締め切りを設ける理由は何なのか，それは，学

生の学習のためなのか，教師の仕事の効率のためなのかなどを考察してみるのもいいかもしれません。

　本校では，宿題の締め切りや試験を受ける日にちには若干，柔軟性を持たせています。これに関しては，いい点もあるし，疑問になる点もあり，これからも観察をし続け，必要なところは変えていかなければいけないことの一つです。

5.13.4.　学生の間違いの指摘のし方に関して

　学生は，どの技能においても間違いをします。学生の試験での間違いに対しての減点については，上で述べましたが，ここでは，間違いの指摘のし方に注意を向けてみたいと思います。間違いの種類にもよりますから，一般的なことは断言できませんが，Ambrose, Bridges, DiPietro, Lovett, and Norman (2010: 139) によると，次のような訂正が効果的であるということです。

　　Feedback is most effective when it explicitly communicates to students about some specific aspects of their performance relative to specific target criteria, and when it provides information that helps students progress toward meeting those criteria. This kind of feedback, which informs students' subsequent learning, is often called *formative* feedback. In contrast, *summative* feedback is that which gives a final judgment or evaluation of proficiency, such as grades or scores.

　　（フィードバックというものは，特定の目標における特定な点について学生と理解し合うのが効果的である。このようなフィードバックは学習者の次の学習につながっていく。このようなフィードバックを formative feedback という。それに反して，summative feedback というのは，成績や点数といった最終的な評価である）

　この引用文の著者は，訂正に関して，次の重要な点を挙げています。つまり，訂正の量が多すぎる場合は，学習への効果が少ないということ，どのような学生にどのような訂正が効果的なのかは個人差があることなども取り上げています。つまり，教師は，学生一人ずつの学習過程や間違いの種類などを細かく観察する必要があり，ここでも個人差の対応の重要さを示しています。

5.13.5.　忘れることについて

　外国語学習では，学習を続けていくと，学習すべき情報は増える一方です。語彙も漢字も文法項目も少なくなることはありません。しかし，この語彙や漢字も断片的に覚えるのではなく，チャンキングなどの利用で記憶の負担を減らす方法はあるものの，使わない語彙や漢字や文法項目は，忘れてしまうことがあります。外国語学習者にとっては，忘れることは悩みの種であることは言うまでもありません。特に試験などで以前，導入された語彙や漢字を忘れると，減点対象になることが多いことが，頭痛の種になっているのだと思います。

　忘れることは，記憶と関係しています。一度も覚えたことがないものに，「忘れる」という言葉は意味をなしません。忘却に関する研究は，エビングハウスという学者が 1885 年に，忘却曲線という記憶の保持率を研究しました。その曲線は，「忘却は覚えた直後から急激に進み，次第に緩やかになっていくことが読み取れる」ことを示した図です。[16] この研究は，無意味な綴りを覚えた結果の曲線で，日本語学習においても初級の第一週目にひらがなを覚えさせられるのと似ています。日本語を一言も話せない学生に 50 音のひらがなの読み書きを教えても記憶の保持率は高くありません。

　学習者が流暢に話せるというのは，長期記憶にある情報を使用して話

---

[16] 服部・小島・北神（2015: 92）からの情報です。

し，その行動が自動化されているということです。しかし，長期記憶にある情報であっても時間がたてば，使わないものは忘れていきます。これが自然な過程であるとすれば，既習の単語や漢字を忘れたからといって試験などで減点するのは，この成績は何の成績なのか疑問を持つことがあります。そもそも試験というものを使って，教師たちは何を評価しているのでしょうか。学習者の生活に関連していることは覚えているはずですが，無関係な語彙などは，自然と忘れていきます。「忘れる」という普通の学習者の行為を，教師も忘れずに考察し続ける必要がありそうです。

5.13.6.　明示的・暗示的学習

　試験をしたところ，教師が指導したと思ったところができていなくて，がっかりしたという経験はどの教師もあるはずです。そして，反対に，指導したつもりはないのに，学生が知っていたりすることもあります。米国の場合，日本語教師が授業中に学生に話す時に，英語の言葉を使うことは，日本での日本語教師より多いようです。例えば，教師が，「ミッドタームがもうすぐです。オーラルは一人ずつですので，サインアップしてください」というふうに文の半分以上をカタカナ語で話したりすることがあります。この例では，英語半分，日本語半分で，それを聞いている学生が，このようなことを暗示的に学び，助詞や最後の動詞以外，すべてカタカナ語で済ますということになっているのを見たこともあります。例としては，「先生，昨日のホームワークはハードでした」のような発話です。このような発話は意味をなすので，つい，訂正をしないままでいると，どんどんと英語の単語が日本語の助詞と最後の「ます・です」以外のところで使用されるようになってしまいます。多分，どの国で教えていても，教師の方でその国の言葉を含めた発話をすることは多いのではないかと想像しています。

　後は，テクノロジーの時代の影響ですが，最近の観察では，教室で教えないことも，学生たちはアニメやドラマを見て，日本語を覚える場合が増

えています。このように学生は，こちらが気が付いていないことを覚えてしまうことが多いようです。これは悪いことではありませんが，このように暗示的に学生が覚えたことが誤用に繋がらないようにするために，教師が気づいたところは学生に伝えるべきでしょう。

　上で述べたように，学生は教師が明示的に指導したと思ったことを学習していなかったり，授業以外のところで暗示的に学習していたりするというのは，普通のことのようです。人間の脳は，いつも情報に囲まれていて，人によって，見たもの聞いたものの中から残るもの，逃すものが違いますから，記憶においても学習したものにおいてもこのような現象が起こるのでしょう。

5.13.7.　熟達について

　技能を学ぶ学習の中には，「マスタリー」，つまり「熟達」という言葉をよく聞きます。熟達とは何なのか，そして，どのようにして起こるものなのでしょうか。練習をいっぱいすれば，すべての人が熟達できるものなのでしょうか。丁度，筆者が学習者の間の学習度の個人差の問題に取り組んでいる時期に，突然に野球界の王者の一人である「イチロー」が，現役引退を表明しました。その時のインタビューでのイチローの言葉は考えさせられるものばかりでしたが，その中で，特に次の言葉にはっとさせられました。

　　人よりがんばることなんてとてもできない。あくまでも「はかり」は自分の中にある。自分なりに「はかり」を使い，限界を見ながら，ちょっと超えていくことを繰り返す。少しずつの積み重ねでしか自分を超えていけない。[17]

---

[17] NHK ニュース 7（2019 日 3 月 22 日放送）「積み重ねの 28 年」。

人とは比べることはしない。比べるのは自分の中にあるはかりだけ。自
分の限界を知る。自分を超えるには，自分の限界を知り，それを少し超え
た練習を繰り返す。これらの一つ一つの言葉には，どの研究結果を読むよ
りも学べることがあるように思えました。熟達とは，この繰り返しなのだ
と確信した次第です。この熟達は，学生の日本語学習にも当てはまります
し，我々，教師としてのあり方にも当てはまるのではないでしょうか。

5.14.　終わらない挑戦

ここで筆者の告白をします。本章に述べた本校での実践ですが，試して
みて後悔はありませんが，筆者の疑問がすべて取り除かれたかというとそ
うではありません。他の疑問が日々，頭をかすめます。結局のところ，
「学ぶ」というのは，「脳」がしていることです。前に引用した，ドゥアン
ヌ（2021）の著書の日本語での題は，『脳はこうして学ぶ』で，「人間が学
ぶ」ではなく「脳が学ぶ」という題の表現が面白いです。脳科学では多く
のことが解明されつつありますが，分からないことの方が多いようです。
そのような状況のもとで，教師たちは，常に悩み続けていくのです。

国語辞書によると，「教育」という言葉の狭義は，学校があり，その学
校の教室で教師によって授業が行われる場ですが，広義では，一般的な学
習を指すようです。[18] 教育は，文字通り，「（教える立場の人が）教えて，
（その教えを受ける人が）育つ」という意味ですが，反対に「教える者が学
生より学び，教師が育つ」ことは教師を経験した者にはだれにも分かるも
のだと思います。つまり，学校という建物が存在しなくても，指導者と指
導を受けるものがいれば，両方に起こりうることという理解でいいのでは
ないでしょうか。

今後も学生たちの学びを観察し，脳科学の研究に注意をし，教師として

---

[18] 北原保雄（編）（2002），及び，林（監修）（1985）の二冊を参照しました。

の学びを続けることを願っています。池谷・糸井（2002）や池谷（2019, 2020）によると，脳というのは，自分に都合のいいようにものごとを解釈したり，嘘をついたり，また，おっちょこちょいで早とちりをしてしまうそうです。このような躾のしにくい脳が相手ですが，教師自身もそのような脳をもっていることを自覚しながら，学生たちを指導し，学んでいきたいものです。

　人間は何事も二極化してしまいたがります。日本語は語彙と文法とどちらが大切か，文法を教えるべきか教えるべきでないか，暗示的指導か明示的指導かなど，書き上げると，きりがないくらいの例があります。そして，この二極化された概念で研究が続いていますが，この二極化が外国語学習の妨げにもなっていることがあるのではないかと疑問に思うことが度々あります。

おわりに

　ある学期に，遠藤周作の最後の作品である『深い河』を上級の学生たち
と読んでいたのですが，登場人物の一人である美津子がキリスト教徒であ
る大津に「ねえ，その神という言葉やめてくれない。いらいらするし実感
がないの」と大津に言います。そうすると大津は，「すみません。その言
葉が嫌なら，他の名にかえてもいいんです。トマトでもいい，玉ねぎでも
いい」と答えました。[1] このように，言葉には含意があります。これを読
んだ時に，「文法」という言葉も同じだなという実感を持ちました。「文法」
という言葉がタブーのようになっているような会話も聞いたことがありま
す。本書を執筆中に「文法」という言葉を避けて，「決まり」だとか「共有
の知識」とかにしようかと思ったことが何度もあります。しかし，「文法」
という言葉を避けて論じることは，本書の中心部があいまいなものとなっ
てしまうと確信して使用し続けることに決めました。本書では，人間の声
や文字を媒介として，日本語を使用して話し手と聞き手が伝達し合う要素
は何であるのかという課題を中心に論じてきました。その要素とは，話し
手と聞き手が共有している決まりであり，外国語学習では，この決まりの
学習なしでは，言語を使用しての伝達を成し遂げることはできないと論じ
ています。そして，この決まりを本書では，「文法」と呼んでいます。文
法とは，「文にまつわるすべての法」です。このような定義のもとでは，
指導法が何であれ，日本語を外国語として指導にあたっている教師の方々
は，文法を何等かの形で教えているのではないでしょうか。なぜなら，文
にまつわるすべての法がコミュニケーションを成り立たせているから

---

[1] 遠藤（2021: 105）の引用です。

です。

　残念ながら，外国語学習に近道はありません。日本語は，大学生にとっては，履修科目の一教科に過ぎませんから，彼らの生活の中で日本語学習にかけられる時間は，かなり限られていることは事実です。日本語学習に近道はないにしても，効率的な勉強と無駄の多い勉強との違いはあります。勉強のし方によっては，学習内容や学習度も大きく変わってくることも確かです。

　欧米での研究結果や，指導方法などが，日本語教師にとって絶対的なものとなってしまい，そのまま日本語教育に取り入れられ，努力をされている先生たちを観察してきました。教授法というものは，もちろん，教師が納得するものは，利用して，試してみるべきですが，流行りの指導法に追いつこうと一生懸命になるよりも，新しく提案された指導法がそれぞれの大学の日本語指導に適しているのかどうか，じっくりと検討する時間が必要だと思います。その決断は教師の教えている学生をしっかり把握してから決めることだと思います。

　日本語学習者は，当然のことですが，時代と共に変化していきます。今の時代は，テクノロジーを通して，生の日本語を聞くことは容易に可能となっています。独学をしようと思えば，いろいろな資料取得が可能な時代となりました。しかし，学習者は，誤用は自分で判断できません。独学の難関は，学習者が産出した文章が場に適した表現であるのか，正しい文構造を使用し，正しい語彙選択ができているかどうかという判断です。

　日本語のことわざに「急がば回れ」，「継続は力なり」といったものがあります。これらは，力強い言葉です。英語で，"one size fits all"（すべての人に合うサイズ）という表現がありますが，外国語指導は，そうはいきません。学習者は，すべての面において，一人一人違いますし，教師も一人一人違います。教師の一つの義務は，学生を知ることです。学生一人一人が違う人間だということの確認です。パズルの一つ一つが似た形をしていても，場所が違うと絶対にはまらないのと同じです。それと同じように，

学生間には違いがあります。この違いをどのように上手に利用するかを考えるのが創造性です。しかし，創造したものを実行して，結果がでるまでには時間がかかります。教師が新しい試みを実践する場合，ゆっくりでいいのではないでしょうか。急ぐと転んでしまいますし，怪我をすると完治に時間がかかります。無駄な研究はありませんし，無駄な思考というものもありません。それぞれが教えている学生たちをしっかり観察して，彼らの学習に一つでも手助けになるような指導ができれば，教師としては，役目を果たせたと思っていいと思います。

　筆者は，日本語を学びたいと望む学習者には，日本語学習を心が躍るような気持ちで楽しんでもらいたいと常に願っています。ものごとは，楽しんで学ぶと脳がそれに反応して，学習にはよい影響を与えるようです。何の苦労もなく学習するという意味ではなく，問題にぶつかっても，諦めず，苦労は学習の一つであることを理解した上で，根気よく勉強してほしいと望んでいます。少しぐらい難しいと感じても，外国語学習はこういうものだと思い，だれでも日本語は学ぶことができるという信念を持って，学んでほしいと心から思います。オーストラリアのメルボルン大学のハッティ教授は，教師の役目は，生徒の観点から学びを発見することであると述べています。これを "visible learning"（可視化された学習）と呼んでいます。ハッティ (2017: ii) は次のように述べています。[2]

　　私が期待しているのは，表層的な知識水準テストに合格すること以上のものである。学習が好きになるように影響を与えること，学習し続けるように生徒たちを誘うこと，ありのままの健全な気持ちや，自尊感情や他者尊重の気持ちを高めることができる道筋と共に，学習者が学業成績を伸ばすことができる道筋を可視化することを尊重している。

---

　[2] ここでは，次の書籍の日本語訳を使用しています。オリジナルは，Hatti (2012) です。

　日本語教師たち自身も英語や他の外国語を学んだ経験があるはずです。外国語学習には，どれだけ時間がかかったかということは，経験で分かるはずです。外国語学習には，一歩一歩しか進めません。どんな学生でも勉強することを諦めずに続けていくと，必ず日本語は話せる・聞ける・読める・書けるようになります。どの教師もこのような学生を指導してきているはずです。筆者の出会った多くの学生たちは，諦めず，間違いながらでも落胆せず（少しの落胆は必ず経験しています），こつこつと勉強を続けていきました。筆者は，これらの学習者から多くを学んでいます。本書に書いた多くのことは，学生たちが筆者に教えてくれたことの集成であるという事実に，間違いはありません。

　時間というのは不思議なもので，おそらく，本書が印刷された頃には，筆者の考えはここに書きとめたこととはすでに違った方向に向かっている可能性が多かれ少なかれあるのではないかと思います。しかし，今の時点では，ここに記したことは現在，筆者が思っていることのいくつかです。

　結局，教育は皆のためにあり，どの分野であっても，いろいろな要素が繋がり，学びが生まれてくるのです。書物を読んでも，映画やドラマを見ても，多くの繋がりに気づきます。そして，同時に疑問も湧いてきます。疑問はどんな時点でも出てきます。これですべて解決したということは絶対なく，確実に疑問は出てきます。2019 年にノーベル賞を受賞した旭化成名誉フェローの吉野彰氏が 10 月 9 日夜の記者会見で，「研究者は頭が柔らかくないといけない。真逆だが，執着心，あきらめないことも必要だ」と，自らの研究信条を語られました。[3] 日本語教師も疑問に思ったことは，頭を柔らかくし，さらにあきらめずに納得するまで努力を惜しまないようにしなければいけないことを納得し，この言葉を聞いたのでした。

　と，ここまで書いたところで池谷（2019）の『脳はなにげに不公平』というおもしろい本を読みました。そこになんと外国語学習は環境よりも遺

---

[3] https://www.yomiuri.co.jp/science/20191009-OYT1T50271/

伝子の影響が強いという研究発表がヨーロッパやアメリカで登場してきて
いるそうです。その内容は，遺伝子が影響している割合は71%だとか
67%だという数値が出てきているようです。これに対して，著者は，外
国語の授業の成績は遺伝子の優劣を数値化しているだけだとコメントして
いました。これは日本語教師にとって喜んでいいのか，悲しんでいいの
か，戸惑ってしまう内容だと思います。しかし，ここで気づいていただき
たいことは，遺伝子の影響が100%ではないというところです。遺伝子
の影響が71%や67%であるなら，33%から29%は遺伝子ではないも
のが学習に影響するという意味にとれます。つまり，日本語教師のできる
ことはまだまだあるということです。

参考文献

日本語参考文献

青木直子・中田賀之（編）. 2011. 『学習者オートノミー』. 東京：ひつじ書房.

荒川洋平. 2013. 『日本語という外国語』. 東京：講談社現代新書.

池谷裕二. 2019. 『脳はなにげに不公平』. 東京：朝日文庫.

池谷裕二. 2020. 『単純な脳　複雑な「私」』. 東京：講談社.

池谷裕二・糸井重里. 2002. 『海馬　脳は疲れない』. 東京：新潮文庫.

井出祥子・波多野誼余夫. 2005. 日本発の言語理論は可能か. 月刊『言語』.「多様
　　化する社会言語科学」6. Vol. 34. No. 6. 東京：大修館書店.

稲垣佳世子・波多野誼余夫. 2018. 『人はいかに学ぶか　日常的認知の世界』. 東
　　京：中央公論新社.

ヴァンホーナッカー・マーク. 2018. 岡本由香子（訳）. 『グッド・フライト、グッ
　　ド・ナイト　パイロットが誘う最高の空旅』. 東京：早川書房.

宇佐美まゆみ. 2012. 母語話者には意識できない日本語会話のコミュニケーショ
　　ン. 野田尚史（編）. 『日本語教育のためのコミュニケーション』. 63-82. 東京：
　　くろしお出版.

遠藤織枝（編）. 2020. 『新・日本語教育を学ぶ――なぜ，なにを，どう教えるか――』.
　　東京：三修社.

遠藤周作. 1993. 『落第坊主の履歴書』. 東京：文藝春秋.

遠藤周作. 2021. 『深い河』. 新装版. 東京：講談社.

大津由紀雄・今西典子. 2004. 言語. 大津由紀雄・波多野誼余夫（編）. 『認知科学
　　への招待』. 77-90. 東京：研究社.

大津由紀雄・波多野誼余夫（編）. 2004. 『認知科学への招待』. 東京：研究社.

奥野由紀子. 2012. 非母語話者の日本語コミュニケーションの問題点. 野田尚史
　　（編）. 『日本語教育のためのコミュニケーション』. 83-104. 東京：くろしお出
　　版.

金谷武洋. 2002. 『日本語には主語はいらない』. 東京：講談社選書メチエ.

鎌田修・川口義一・鈴木睦（編）. 2000. 『日本語教授法ワークショップ（増補版）』.
　　東京：凡人社.

北原博雄. 2014. 文法教育. 『日本語大事典　下』. 1791-1792. 東京：朝倉書店.

北原保雄（編）. 2002. 『明鏡国語辞典』. 東京：大修館書店.

工藤真由美. 2014. 『現代日本語ムード・テンス・アスペクト論』. 東京：ひつじ

書房.

『国語 1』. 2016. 東京：光村図書出版.

国語学会（編）. 1980.『国語学大辞典』. 777-779. 東京：東京堂出版.

国語学会『国語学辞典』編集委員会（編）. 1955.『国語学辞典』. 823-825. 東京：東京堂出版.

佐々木達・木原研三（編）. 1985.『新コンサイス英話辞典』. 第 2 版. 東京：三省堂.

三宮真智子. 2018.『メタ認知で〈学ぶ力〉を高める 認知心理学が解き明かす効果的学習法』. 京都：北大路書房.

嶋田和子. 2012. 日本語教師に求められるコミュニケーション教育能力. 野田尚史（編）.『日本語教育のためのコミュニケーション』. 187-206. 東京：くろしお出版.

白川博之（監修）・庵功雄・高梨信乃・中西久実子・山田敏弘（著）. 2001.『中上級を教える人のための日本語文法ハンドブック』. 東京：スリーエーネットワーク.

新村出（編）. 1983.『広辞苑』（第三刷）東京：岩波書店.

新村出（編）. 1991.『広辞苑』（第四刷）東京：岩波書店.

新村出（編）. 2007.『広辞苑』（第六刷）東京：岩波書店.

新村出（編）. 2018.『広辞苑』（第七刷）東京：岩波書店.

月本洋. 2008.『日本人の脳に主語はいらない』. 東京：講談社選書メチエ.

月本洋. 2009.『日本語は論理的である』. 東京：講談社選書メチエ.

辻幸夫（編）. 2001.『ことばの認知科学事典』. 東京：大修館書店.

辻幸夫（編）. 2003.『認知言語学の招待』（シリーズ認知言語学入門 1）. 東京：大修館書店.

津田ひろみ. 2013.『学習者の自律をめざす協働学習』. 東京：ひつじ書房.

筒井通雄・鎌田修・ウェスリー・M・ヤコブセン（編）. 2014.『日本語教育の新しい地平を開く——牧野成一教授退官記念論集』. 東京：ひつじ書房.

寺村秀夫. 1972. 解題. 三上章『続 現代語序説 主語廃止論』. 東京：くろしお出版.

ドゥアンヌ・スタニスラス. 2021. 松浦俊輔（訳）. 中村仁洋（解説）.『脳はこうして学ぶ 学習の神経科学を教育の未来へ』. 東京：森北出版.

時枝誠記. 1982.『日本文法 口語篇』. 第 6 刷. 東京：岩波全書.

中田賀之（編）. 2015.『自分で学んでいける生徒を育てる 学習者オートノミーの挑戦』. 東京：ひつじ書房.

西川純. 2019.『個別最適化の教育 人生 100 年時代を生き抜く子を育てる！』. 東京：学陽書房.

西山佑司. 2004. 語用論と認知科学. 大津由紀雄・波多野誼余夫（編著）.『認知科学への招待』. 91-105. 東京：研究社.

日本語教育学会（編）．2005．『新版　日本語教育事典』．東京：大修館書店．

日本認知心理学会学会（編）．2013．『認知心理学ハンドブック』．東京：有斐閣．

野田尚史．2012．日本語教育に必要なコミュニケーション研究．野田尚史（編）．『日本語教育のためのコミュニケーション』．1-20．東京：くろしお出版．

野田尚史（編）．2012．『日本語教育のためのコミュニケーション』．東京：くろしお出版．

野田尚史・迫田久美子・渋谷勝己・小林典子．2001．『日本語学習者の文法習得』．東京：大修館書店．

ハッティ・ジョン．2017．原田信之（訳者代表）．『学習に何が最も効果的か　メタ分析による学習の可視化　教師編』．京都：あいり出版．

服部雅史・小島治幸・北神慎司．2015．『基礎から学ぶ認知心理学　人間の認識の不思議』．東京：有斐閣．

林巨樹（監修）．1985．『現代国語例解辞典』．東京：小学館．

ハラリ・ユヴァル・ノア．2016．柴田裕之（訳）．『サピエンス全史（上）──文明の構造と人類の幸福』．東京：河出書房新社．

飛田良文（編）．2007．『日本語学研究事典』．194-195．東京：明治書院．

藤井貞和．2010．『日本語と時間──〈時の文法〉をたどる』．東京：岩波新書．

文化庁文化部国語課．1997-2020．『国語に関する世論調査』．東京：ぎょうせい．

町田健．2002．『まちがいだらけの日本語文法』．東京：講談社．

松田毅（編）．2014．『部分と全体の哲学　歴史と現在』．東京：春秋社．

三上章．2002．『象は鼻が長い』（新装版）．東京：くろしお出版．

三宅なほみ．2004．学習科学．大津由紀雄・波多野誼余夫（編）．『認知科学への招待』．17-31．東京：研究社．

森田良行．1988．『日本語の類意表現』．東京：創拓社．

森田良行．1989．『誤用文の分析と研究──日本語学への提言──』．東京：明治書院．

ヤコブセン・ウェスリー・M．2014．目に見えない構造はどう習得されるか──言語研究の観点から見た言語教育──．筒井通雄・鎌田修・ウェスリー・M・ヤコブセン（編）．『日本語教育の新しい地平を開く──牧野成一教授退官記念論集』．3-20．東京：ひつじ書房．

山内博之．2012．あとがき．野田尚史（編）．『日本語教育のためのコミュニケーション』．209．東京：くろしお出版．

山口翼（編）．2003．『日本語大シソーラス』．東京：大修館書店．

山下暁美・沢野美由紀．2019．『書き込み式でよくわかる　日本語教育文法ノート』（改訂版）．東京：アルク．

山鳥重．2001．言語の産出と理解．辻幸夫（編）．『ことばの認知科学事典』．249-332．東京：大修館書店．

ラガナ・ドミニコ．1988．『これは日本語か』．東京：河出書房新社．

英語参考文献

Akmajian, Adrian, Richard A. Demers, Ann K. Farmer, and Robert M. Harnish. 1998. *Linguistics: An Introduction to Language and Communication*. Fourth Edition. MA: MIT Press.

Ambrose, Susan A., Michael W. Bridges, Michele DiPietro, Marsha C. Lovett, and Marie K. Norman. 2010. *How Learning Works*: *Seven Research-Based Principles for Smart Teaching*. CA: Jossey-Bass.

Bransford, John, Ann L. Brown, and Rodney R. Cooking (eds.). 1999. *How People Learn: Brain, Mind, Experience, and School*. Washington D.C.: National Academy Press.

Brown, Peter C., Henry L. Roediger III, and Mark A. McDaniel. 2014. *Make It Stick: The Science of Successful Learning*. MA: Belknap Press of Harvard University Press.

Chomsky, Noam. 1965. *Aspects of the Theory of Syntax*. MA: MIT Press.

Chomsky, Noam. 1986. *Knowledge of Language: Its Nature, Origin, and Use*. New York: Praeger Publishers.

Chomsky, Noam. 1988. *Language and Problems of Knowledge. The Managua Lectures*. MA: MIT Press.

Crystal, David. 1985. *A Dictionary of Linguistics and Phonetics*. 2nd Edition. Updated and Enlarged. MA: Basil Blackwell.

Dehaene, Stanislas. 2020. *How We Learn: Why Brains Learn Better Than Any Machine ... for Now*. New York: Viking Press.

DeKeyser, Robert M. 2001. Automaticity and Automatization. Robinson, Peter (ed.). *Cognition and Second Language Instruction*. Cambridge: Cambridge University Press.

Doughty, Catherine and Jessica Williams (eds.). 1998. *Focus on Form in Classroom: Second Language Acquisition*. Cambridge: Cambridge University Press.

Garbacz, Pawel. 2015. "A New Perspective on Instantiation." *Library Trends*, Vol. 63, No. 3. 448–463.

Goodluck, Helen. 1991. *Language Acquisition: A Linguistics Introduction*. MA: Basil Blackwell.

Goodluck, Helen. 2020. *Language Acquisition by Children: A Linguistic Introduction*. Scotland: Edinburgh University Press.

Hattie, John. 2012. *Visible Learning for Teachers: Maximizing Impact on Learning*. London: Routledge.

Hinds, John, Senko K. Maynard, and Shoichi Iwasaki (eds.). 1987. *Perspectives on Topicalization: The Case of Japanese 'Wa.'* Amsterdam: John Benjamins

Publishing Company.

Jensen, Eric and Liesl McConchie. 2020. *Brain-based Learning: Teaching the Way Students Really Learn*. Third Edition. 2020. CA: Corwin Publications.

Jorden, Eleanor H. 2000. "Where Do We Go from Here? And Where Is Here?" *Association of Teachers of Japanese Occasional Papers*. 3. 1-6.

Jorden, Eleanor H. and Richard D. Lambert. 1991. *Japanese Language Instruction in the United States: Resources, Practice, and Investment Strategy*. Washington D.C.: The National Foreign Language Center.

Kuperman, Victor, Matsuki Kazunaga, and Julie A. Van Dyke. 2018. "Contributions of Reader and Text-Level Characteristics of Eye-Movement Patterns During Passage Reading." *Journal of Experimental Psychology. Learning, Memory, and Cognition*. Vol. 44, No. 11. 1687-1713.

Lightbrown, Patsy M. and Nina Spada. 2006. *How Languages are Learned*. Third Edition. Oxford: Oxford University Press.

Little, David. 1995. Learning As Dialogue: The Dependence of Learner Autonomy on Teacher Autonomy. *System*. 23 (2). 175-181.

Littlewood, William. 2011. "Communicative Language Expanding Concept for a Changing World." Eli Hinkel (ed.) *Handbook of Research in Second Language Teaching and Learning*. Volume II. 541-557. London: Routledge.

Makino, Seiichi and Michio Tsutsui. 1986. *A Dictionary of Basic Japanese Grammar*. Tokyo: The Japan Times.

Makino, Seiichi and Michio Tsutsui. 1995. *A Dictionary of Intermediate Japanese Grammar*. Tokyo: The Japan Times.

Mather, George. 2015. "Computational Approaches to Perception: Beyond Marr's (1982) Computational Approach to Vision." Eysenck, Michael and David Groome (eds.). *Cognitive Psychology: Revisiting the Classic Studies*. 2nd ed. 38-46. London: Sage Publications.

McBride, Dawn M. and J. Cooper Cutting. 2016. "Chapter 4 Attention." *Cognitive Psychology: Theory, Process, and Methodology*. 69-93. LA: Sage.

Miller, George A. 1956. "Magical Number Seven, Plus or Minus Two: Some Limits on Our Capacity for Processing Information." *Psychological Review*. 63. 81-97.

Miller, Roy. A. 1986. *Nihongo: In Defence of Japanese*. London: Atholone Press.

Miura, Akira. 1998. "Japanese Language Teaching in the U.S.A.: A Historical Overview," *Breeze Fall 1998 Quarterly*, 2-9.

Omaggio, Alice C. 1986. *Teaching Language in Context: Proficiency-Oriented Instruction*. Boston: Heinle & Heinle Publishers.

Oxford Advanced Learner's Dictionary. 2010. Eighth Edition. Oxford University

204

Press. Ex-word Data Plus 6.

Oxford Dictionary of English. Third Edition. 2015. Oxford: Oxford University Press. Online.

Philp, Jenefer, Rebecca Adams, and Noriko Iwashita. 2014. *Peer Interaction and Second Language Learning*. London: Routledge.

Riley, Benjamin. 2017. "Personalization vs. How People Learn." *Educational Leadership*. March.

Saeed, John. 2015. *Semantics*. NJ: John Wiley and Sons.

Selden, Kyoko. 1996. Translation of Shinichi Suzuki. 1946. *Young Children's Talent Education and Its Method*. Miami: Warner Brothers Publications.

Tawa, Wako. 2009. *The Japanese Stage-Step Course (Grammar Textbook; Workbook 1; Workbook 2; Writing Practice Book)*. London: Routledge.

Tawa, Wako. 2010. "Teacher Training for High School Teachers: Grammar Instruction." *Proceedings of the 24th New England Association of the Teachers of Japanese*. Williams College.

Vanhoenacker, Mark. 2015. *Skyfaring: A Journey with a Pilot*. New York: Alfred A. Knopf.

VanPatten, Bill. 2017. *While We're on the TOPIC: BVP on Language, Acquisition, and Classroom Practice*. VA: The American Council on the Teaching of Foreign Languages.

Webster's New Collegiate Dictionary. 1977. Springfield, MA: G. & C. Merriam Company.

Wetzel, Patricia. J. 2000. "Chicken Soup for the Japanese Teacher's Soul: Some Common-Sense Thoughts on Teaching." *Association of Teachers of Japanese Occasional Papers*. 3. Fall. 6–14.

インターネット，メディア参考文献

https://www.ethnologue.com

https://www.yomiuri.co.jp/science/20191009-OYT1T50271/

https://www.inc.com/justin-bariso/mit-patrick-winston-rule-of-engagement-how-to-be-a-better-listener-how-to-speak-no-laptops-no-cell-phones-emotional-intelligence.html

ニュース 7 NHK．2019．積み重ねの 28 年（イチローの引退表明録画）．3 月 22 日．

索　引

数字はページ数を示し，n は脚注を表す。

著者紹介

多和　わ子（たわ　わこ）

ニューヨーク州立大学学士課程修了（B.A., 1971），国際基督教大学修士課程修了（M.A., 1975），ペンシルバニア州立大学大学院博士課程修了（Ph.D., 1986）。現在，米国マサチューセッツ州アマースト・カレッジ，アジア言語・文化学部教授，アジア言語科長（Amherst College, Department of Asian Languages and Civilizations, Amherst, MA, U.S.A.）。

（主な著書）
The Japanese Stage-Step Course, The Grammar Textbook (London: Rutledge, 2009)
The Japanese Stage-Step Course, Workbook 1 (London: Rutledge, 2009)
The Japanese Stage-Step Course, Workbook 2 (London: Rutledge, 2009)
The Japanese Stage-Step Course, Writing Practice Book (London: Rutledge, 2009)

日本語学習者のための文法再考察

著　者	多 和 わ 子
発行者	武 村 哲 司
印刷所	日之出印刷株式会社

2023 年 3 月 31 日　第 1 版第 1 刷発行

発行所　　株式会社　開 拓 社

〒112-0013 東京都文京区音羽 1-22-16
電話　（03）5395-7101（代表）
振替　00160-8-39587
http://www.kaitakusha.co.jp